기독교문서선교회 (Christian Literature Center: 약칭 CLC)는 1941년 영국 콜체스터에서 켄 아담스에 의해 시작되었으며 국제 본부는 미국 필라델피아에 있습니다. 국제 CLC는 59개 나라에서 180개의 본부를 두고, 약 650여 명의 선교사들이 이동도서차량 40대를 이용하여 문서 보급에 힘쓰고 있으며 이메일 주문을 통해 130여 국으로 책을 공급하고 있습니다. 한국 CLC는 청교도적 복음주의 신학과 신앙서적을 출판하는 문서선교기관으로서, 한 영혼이라도 구원되길 소망하면서 주님이 오시는 그날까지 최선을 다할 것입니다.

추천사 1

이후정 박사
전 감리교신학대학교 총장, 역사신학 교수

류재성 박사의 신간 『늙은 둥치에서 새순이 돋아나듯』은 초기 기독교 역사상 최초의 '경계인'이었던 알렉산드리아의 오리겐부터 현대 기독교의 안일한 슬픔 이해에 경종을 울리는 C. S. 루이스까지 그리스도교 이천 년 역사에서 가히 '고전'이라 불릴만한 신학자, 신비가, 영성가들의 글을 열 두 가지 층위로 소개한다. 이 책은 평소 영성에 관심을 가진 신학자나 목회자들에게 기독교 고전과 영성에 대한 근원적 이해를 다층적으로 전해주는데 매우 유익한 책으로 생각된다.

하지만, 이 같은 전문성에도 불구하고, 일반 평신도 독자들에게도 이 책은 읽기에 어려움이 없는 것 같다. 왜냐하면, 이 책은 독자들의 관심에 따라서 한편으로는 역사적 지식을, 다른 한편으로는 기독교 고전에 담긴 영성의 깊이를 자연스럽게 전해주고 있기 때문이다. 이런 면에서 기독교 영성에 눈을 뜨기 원하는 사람들이나 기독교 고전에 대한 역사적 지식을 추구하는 사람들 모두에게 이 책을 기꺼이 추천하며 일독을 권한다.

추천사 2

차보람 박사
성공회대학교 인문학부 종교와 신학 주임교수

대학에서 신학을 가르치고 교회에서 세례 교리를 교육하는 나를 내내 떠나지 않는 고민은 어떻게 신학자이면서도 사목자로서 연구와 사목의 삶을 온전히 함께 살아갈 수 있을까 하는 것이다. 그런 나에게 이 책은 학자요 목사로서 연구와 기도를 하나로 엮어 살아가는 저자의 삶을 눈 앞에 명징하게 펼쳐 보여주었다.

신학과 성서와 영성과 윤리, 사색과 묵상과 기도와 실천이 어우러진 공동체의 삶 속에서 교회는 탄생하고 성장했다. 이러한 통합의 삶으로 우리 현대 그리스도인들은 다시금 초대받고 있다. 이 책은 그렇게 통합되고 온전한 그리스도인의 삶으로 우리를 부르는 귀한 초대장 같다. 고대와 중세, 근대와 현대의 신학자, 신비가, 수도자들이 지상적 삶의 고통과 슬픔 속에서 기록한 중요한 작품들을 충실히 소개하면서도, 성서에 대한 깊은 묵상과 문화에 대한 따뜻한 감상을 한데 녹인 저자의 문장들은 읽는 이의 가슴 속으로 따뜻하게 흘러 들어온다.

급변하는 사회의 시류 속에서 고전의 가치를 재발견하고자 하는 이들, 오래되고 새로운 고전을 읽으면서 신앙생활의 다음 한 걸음을 내딛고자 하는 이들, 신학과 성서와 영성이 어우러진 온전한 삶의 가능성을 발견하길 원하는 모든 이들에게 넓은 신학과 깊은 묵상을 아름답게 한데 엮은 이 책을 기쁘게 추천한다.

추천사 3

조성호 박사
서울신학대학교 영성학 교수

새로운 기술과 문명이 하루가 멀다고 현실로 침투하는 오늘날 정황에서, 과거 고전의 탐구가 지니는 의미와 가치는 참으로 초라하고 왜소해 보일 수밖에 없다.

그러나 저자는 그런 한계 너머에 존재하는 인간 본질과 기독교의 심연을 직시하고, 과거와 현재 그리고 미래를 연결하는 통찰을 전개한다. 세밀한 안목을 극대화하는 미시적 시각과 전체 그림을 하나로 일괄하는 거시적 안목의 조화가 돋보이는 이 책은 단순하면서도 강렬한 인상을 현대사회의 그리스도인들에게 던지며, 질문과 해답의 공존을 요구한다. 이는 단순한 지식과 정보의 발견 차원을 넘어서는 기독교 신학의 정체성에 바탕을 두는 한편, 미지의 영역을 의식의 지평으로 유도하는 영성이 전제될 때만 가능한 작업이다.

저자는 자신의 그와 같은 특성을 잠재적인 독자에게 소개하며, 더 넓은 상상력과 도전적 자세를 통해 기독교회의 미래 형성에 동참할 것을 강력히 요청하고 있다.

추천사 4

장준식 목사
『괜찮아, 하나님이 계시니까』의 저자, 시인, 세화교회 담임목사

시간 가는 줄 모르고 읽었다. 잃었던 길을 되찾은 기분이었다. 고개를 끄덕였고, 읽기를 멈추고 잠시 묵상을 하기도 했다. 어렵지 않고 간결하면서 그리스도교 영성의 핵심 내용들을 알차게 담고 있었다.

영국 신학계의 수퍼 스타, 존 웹스터의 격려가 생각났다. 그리스도교인은 자신이 속한 전통이 가진 지적 자원을 자랑스러워하고 이로부터 당당히 자기 주장을 펼치라고 했

던 말.

류재성 박사가 이 일을 잘 해냈다. 거친 세상의 풍파 속에서도 주눅들지 않고 하나님께로 가는 길을 탐구하고 그 길을 몸소 걸었던 교부들과 영성가들의 신앙은 점점 희미해져 가는 그리스도교 영성의 희망이다. 신앙은 길을 걸어가는 것이기 때문에 길을 가다 길을 잃을 수도 있다.

하지만, 이 책과 함께라면 그 길이 훨씬 수월해질 것이다. 그 길을 가고자 하는 당신이 곁에 둘 책이다.

추천사 5

배덕만 박사

기독연구원 느헤미야 교회사 교수, 백향나무교회 담임목사

"신은 죽었다"거나 "인간이 곧 신이다"라는 생각이 지배하는 세속도시 한복판에서 류재성 박사는 '영성'과 '고전'으로 독자들을 초대합니다.

이런 초대 자체가 시대착오적이거나 부적절한 학문적 전략인지 모르겠습니다. 하지만 인간 스스로 신이 되어 군림하는 시대에 세상은 극심한 빈곤, 전대미문의 펜더믹, 야만적인 전쟁, 그리고 묵시적인 기후위기 때문에 "사망의 음침

한 골짜기"로 돌변했습니다.

그래서 우리는 이 작은 책이 안내하는 기독교 영성과 고전에 주목해야 합니다. 류재성 박사는 인간의 탐욕과 교만을 내려놓기 위해 사막에서 몸부림쳤고, 사랑과 평화를 실천하기 위해 도시로 돌아갔으며, 교회와 수도원을 맑은 영성의 텃밭으로 개간했던 12명의 옛 그리스도인들과 그들이 쓴 낡은 책 12권을 짧지만 명료하고 유려하게 소개합니다. 재미 있어서 단숨에 읽게 됩니다. 영적 교훈 때문에 묵상하게 됩니다. 그리고 궁금해서 원전을 찾게 됩니다.

우상과 미신으로 피폐해진 디스토피아 중앙에서 하늘과 인간, 신앙과 삶, 진리와 생명을 다시 한 번 성찰하게 돕는 아름다운 책입니다. 일독을 권합니다.

늙은 둥치에서 새순이 돋아나듯
기독교 고전 영성 에세이

Like New Shoots Sprouting From An Old Root
Written by Ryu, Jaesung
All rights reserved.
Korean Edition Copyright ⓒ 2024 by Christian Literature Center, Seoul, Korea.

늙은 둥치에서 새순이 돋아나듯
기독교 고전 영성 에세이

2024년 2월 28일 초판 발행

지 은 이	류재성
편 집	이신영
디 자 인	박성준, 서민정, 김현미
펴 낸 곳	(사)기독교문서선교회
등 록	제16-25호(1980. 1. 18.)
주 소	서울 동대문구 천호대로71길 39
전 화	02-586-8761~3(본사) 031-942-8761(영업부)
팩 스	02-523-0131(본사) 031-942-8763(영업부)
이 메 일	clckor@gmail.com.
홈페이지	www.clcbook.com.
송금계좌	기업은행 073-000308-04-020 (사)기독교문서선교회
일련번호	2024-30

ISBN 978-89-341-2664-5(03230)

이 책의 출판권은 (사)기독교문서선교회가 소유합니다.
신저작권법에 의하여 한국 내에서 보호를 받는 저작물이므로 무단 전재와 무단 복제를 금합니다.

늙은 둥치에서
새순이 돋아나듯

기독교 고전 영성 에세이

류재성 지음

CLC

목차

추천사 1 이후정 박사 | 전 감리교신학대학교 총장, 역사신학 교수
추천사 2 차보람 박사 | 성공회대학교 인문학부 주임교수
추천사 3 조성호 박사 | 서울신학대학교 영성학 교수
추천사 4 장준식 목사 | 세화교회 담임목사
추천사 5 배덕만 박사 | 기독연구원 느헤미야 교회사 교수

책 머리에	11
들어가면서	14
1. 오리겐 (c.185-c.253)의 『아가서 주해』	19
2. 아타나시우스(c.295-c.373)의 『안토니의 생애』	35
3. 닛사의 그레고리(c.335-c.395)의 『모세의 생애』	48
4. 폰투스의 에바그리우스(c.345-399)의 『안티레티코스』	61
5. 아우구스티누스(c.354-c.430)의 『고백록』	75
6. 베드로 크리솔로고스(c.380-450)의 『설교』	86
7. 누르시아의 베네딕토(c.480-547)의 『규칙』	96
8. 그레고리 대제(c.540-c.640)의 『욥기의 도덕적 해설』	107
9. 고백자 막시무스(c.580-662)의 『수덕서』	120
10. 무명의 그리스도인(c.1345-1386)의 『무지의 구름』	133
11. 토마스 아 켐피스(c.1380-1471)의 『그리스도를 본받아』	145
12. C. S. 루이스(c.1898-1963)의 『헤아려 본 슬픔』	157
나가면서	172

책 머리에

류 재 성

 이 책은 2023년 1월부터 2023년 12월까지 '기독교대한성결교회'에서 펴내는 월간 개신교 잡지 《활천》에 연재했던 '기독교 영성과 만나다'를 개정·증보하여 한데 묶은 것입니다. 초대교회가 자리를 막 잡아가던 시기부터 오늘날 현대교회에 이르기까지 각 시대의 영성을 대표하고 후대에 전승해야 할 혼맥(魂脈)을 담은 기독교 영성의 대가들은 하나님을 어떻게 묵상했는지, 그리고 그 묵상을 어떻게 생(生)과 문(文)으로 옮겼는지를 에세이 형식으로 소개하는 것이 연재의 목적이었습니다.

 연재물들을 연대순으로 정리하여 한데 묶고 처음부터 다시 읽어보니 그 목적을 이루기에는 제 필력(筆力)이 한없이 부족했구나 하는 것을 느낍니다. 하지만 이 글을 읽는 분들이 짧으나마 기독교 고전에 깃든 대가들의 영성을 대하고 그분들의 삶과 신앙 그리고 영적인 교훈의 한 자락을 얻을 수 있다면 더 바랄 것이 없겠습니다.

시간이 흘러도 변하지 않는 것들이 있습니다. 기독교 고전이 바로 그런 것들 중 하나인데, 오리겐부터 C. S. 루이스까지 이 책은 기독교 고전이라고 불릴 만한 글과 그 글의 저자가 하나님께 나아가는 여정을 담아내고 있습니다. 그들이 하나님께 나아가는 여정을 보면, 그 안에는 굴곡이 있고, 고통이나 실패도 있음을 보게 됩니다. 그리고 이러한 경험들은 그들 각 사람의 삶의 자리에서 다양한 층위로 나타납니다.

다시 말해, 그들 각자가 겪는 굴곡, 고통, 실패의 체험 방식이 다르다 보니, 이를 벗어나 하나님께 나아가는 여정도 하나님을 향해 그들 자신을 열고, 의탁하고, 그 안에서 신앙적으로나 인격적으로나 영적으로 성장해가는 모습도 전부 다릅니다. 이 책은 그 다름을 담고 있습니다. 좀 더 정확히 말하면, 약 이천 년에 걸쳐 맥을 이어온 기독교 고전의 역사에서 각 시대의 영성을 대표하는 신학자, 신비가, 영성가들의 가르침을 열 두 가지로 녹여 냈습니다.

그 중 무엇 하나라도 독자들의 마음에 잔잔한 울림으로 남아 주길 바랍니다. 무언가 대단한 이야기가 아니라 누구나 고난을 통해 하나님을 만나는 경험을 가지고 있기 때문에, 그 보편적인 경험을 한 발 앞서 묵상하고 한 길(丈) 멀리 써내려 간 이들의 지혜가 우리 각자에게 필요한 몫을 전달해줄 것이라고 믿기 때문에, 작지만 용기 있는 바람을 내

비쳐 봅니다.

  부디 기독교 고전에 깃든 영성에 목말랐던 분들에게 이 책이 일기일회(一期一會)가 될 순 없어도 더 깊은 영성으로 인도하는 뗏목이 되고, 배가 되고, 교량이 되기를 한없이 조야한 마음으로 희망합니다.

상동 서재에서

들어가면서

 서양 예술이나 미술 작품에 특별한 취향을 가지고 있는 것은 아니지만, 카스파 다비드 프리드리히(Caspar David Friedrich)의 <안개 바다 위의 방랑자>란 작품은 제 맘 속의 숭고한 어떤 것으로 오랫동안, 참으로 선명하게 남아 있습니다. 엄격한 루터파 교도였던 아버지와 어머니 밑에서 경건한 신앙 교육을 받으며 자란 프리드리히는 참으로 가슴 아픈 가정사를 지닌 인물로 잘 알려져 있습니다.

 일곱 살이 되던 해, 그는 사랑하는 어머니가 천연두를 앓다가 사망하는 모습을 지켜보았습니다. 그 후로도 여동생 두 명이 같은 병에 시달리다 숨을 거두었는데, 그의 가정에 불어 닥친 시련은 이것으로 끝나지 않았습니다. 열세 살이 되던 해의 겨울, 프리드리히는 사랑하는 남동생과 함께 스케이트를 탔는데, 그만 얼음이 깨지는 사고가 발생하고 맙니다. 프리드리히 자신은 가까스로 목숨을 건지지만 그의 남동생은 그만 물에 빠져 익사하고 맙니다. 신앙의 눈으로 보기에도 언뜻 쉽게 가늠하기 어려운 시련이 연거푸 발생한 셈입니다.

하지만 프리드리히는 이 같은 인생의 시련과 아픔의 사슬에 묶여 계속해서 낙심하거나 절망하지 않았습니다. 오히려 다시금 앞을 향해 나아갈 힘을 찾으려고 무던히 애썼습니다. 그 노력의 결실이 바로 이 작품, 이 독일의 낭만주의 사조를 대표하는 19세기 유화 <안개 바다 위의 방랑자>입니다. 이 유화를 그린 프리드리히의 말을 잠시 인용하면 다음과 같습니다.

> 화가는 자기 앞에 있는 것뿐만 아니라 자기의 내면에서 본 것도 그려야 한다.

이 말을 그의 가슴 아픈 가정사에 비춰볼 때 그것이 의미하는 바가 매우 분명해집니다. 즉, 이 유화에서 프리드리히가 그린 것은 단순히 안개가 자욱히 내려앉은 바다가 아니라, '어릴 적 그가 경험한 사랑하는 가족과의 죽음의 이별.' 그 이별이 빼곡히 내려 앉은 그의 마음 속 정경이었을 겁니다.

그런데 이 유화를 가만히 보고 있으면, 저 안개 자욱한 바다의 해수면보다 더 높이, 더 우뚝 올라서 있는 한 중년 남성의 뒷모습이 정 중앙에 그려져 있는 것을 볼 수 있습니다. 이미 어느 정도 예상하셨겠지만, 그 중년 남성은 프리드리히 자신입니다. 다시 말해, 그는 자신의 내면을 뒤덮고 있던 인생의 안개 바다를 응시하고 있습니다. 직접! 결연히! 그 유화 속 제복을 입은 중년 남성처럼 말입니다.

  그렇다면, 이 유화는 무엇을 우리에게 말해주고 싶은 것일까요?
  어떤 메시지가 <안개 바다 위의 방랑자>에 담겨 있는 것일까요?
  아니, 이 유화 속 중년 남성이기도 한 프리드리히는 대체 어떤 마음으로, 어떤 대상과 맞서고 있는 것일까요?

  인생의 한 축이자 신앙의 등불과도 같은 사람이 우리 곁을 영영 떠난다면, 그것은 참으로 슬프고 괴로운 일일 것입니다. 사랑하는 이가 눈 앞에서 죽어가는 것을 보는 일도 마찬가지입니다. 그것은 정말로 가슴 아픈 일이고, 인생을 흔들 만한 사건이며, 쉽게 꺼내어 볼 수 없는 기억의 파편과도 같은 것입니다. 그래서 이 모든 것을 프리드리히는 안개 바다로 묘사합니다. 그 너머에 있는 것이 대체 무엇인지 그 때는 도저히 상상할 수 없었단 뜻일 겁니다.
  하지만 어느 덧 중년이 된 프리드리히는 그의 마음 속 안개 바다 앞에서 등을 돌리거나 숨지 않습니다. 도리어 당당히 맞섭니다. 마주 서서 응시합니다. 그리고 실로 오랫동안 그를 붙잡고 섰던 무거운 왼발이 정면을 향할 수 있도록 밀어 올리며, 그의 유화 속 제복을 입고 선 중년 남성과도 같이 또 한 걸음 앞으로 나설 채비를 마칩니다. 그렇습니다.

그는 그의 마음 속 안개 바다처럼 펼쳐진 오랜 고통과 시련 앞에 굴복하지 않았고, 도리어 그것을 이겨낼 방법, 극복할 방법, 승화시킬 방법을 찾았습니다.

이 책 『늙은 둥치에서 새순이 돋아나듯』이 소개하고 있는 신학자, 신비가, 영성가들도 마찬가지입니다. 그들도 모두 그들만의 안개 바다를 가지고 있었던 사람들입니다. 말로 다할 수 없는 고통과 시련, 칠흑 같은 어둠의 문제를 마음 한편에 떠안은 사람들입니다. 하지만 그들은 그들의 인생을 붙잡고 있던 각자의 안개 바다 속에 파묻히지 않았고, 오히려 그것을 이기고 극복하고 승화시킬 단초를 찾았습니다. 하나님, 말씀, 기도, 금식, 사랑, 묵상, 분별, 헤아림 … 등의 영성을 통해서 말입니다.

아마 저나 여러분의 현실도 크게 다르지 않을 겁니다. 저마다의 고통이 있을 것이고, 시련과 아픔도 있을 거라 생각합니다. 때로는 그것들이 너무 크고 벅차서 우리의 몸과 마음, 나아가 우리의 신앙 전체까지 쥐고 흔들 때도 있을 겁니다. 하지만 저는 저나 여러분 모두가 그것에 지지 않기를 소망합니다. 그것에 매몰되지 않았으면 좋겠습니다. 그리고 무엇보다 이 책이 소개하고 있는 기독교 신학자, 신비가, 영성가들의 늙고 오래된, 그러나 더할 나위 없이 새롭고 참

되며 의미 있는 영성을 길라잡이 삼아, 상처입은 우리 모두의 삶과 내면에 마치 안개 바다처럼 내려 앉은 어둠을 이겨 내면 좋겠습니다. 몰아내면 좋겠고, 마침내 승화시킬 단초를 찾아내면 좋겠습니다.

겨우내 늙고 얼어붙은 둥치에서 마치 새순이 돋아나는 것처럼 말입니다.

1

오리겐 (c.185-c.253)의 『아가서 주해』

초기 기독교 역사상 최초의 '경계인'은 오리겐이 아닐까?

'헬라인' 아버지와 '유대인' 어머니를 둔 그는 '알렉산드리아' 태생이면서도 '팔레스티나'에 묻혔고, '순교자'의 아들이면서도 '철학자'의 제자였으며, 위대한 '석학'이면서도 '평신도'의 삶을 살았다.

또한, 성경이 기록된 역사 현장을 직접 답사할 만큼 '문자적' 해석의 중요성을 강조하면서도 '영적'인 해석에 늘 목말라 했고, '변증(辨證)과 호교(護敎) 운동'의 시대적 유산을 가지고 있으면서도 '신경(信經)과 신학(神學)의 시대'를 열었으며, 후대의 교부들에게는 '추앙' 아니면 '정죄' 사이의 평가가 내려졌다.

오리겐은 '경계인'이다. 온갖 종류의 사잇(間)길을 오가며, 그가 느꼈을 끌림과 기대, 결핍과 욕망, 불안과 두려움을 생각하면 정말이지 정신이 아득해진다. 하지만 그의 마음 속에 차오르던 온갖 종류의 걱정이나 근심에도 불구하고 그가 변함없이 사랑했던 성경. 그가 주해한 아가서를 생각하면 가슴이 벅찬다. 최초의 '경계인'이 이 땅의 수많은 현대 '경계인'에게 건네는 선물이 아닐까 하는 생각에서 말이다.

아가의 기독교 해석사에서 오리겐의 『아가서 주해』는 매우 중요하다. 가장 중요하다고 해도 될 것 같다. 흔히, 예로니모 또는 제롬으로 알려진 라틴어 성경의 번역자 히에로니무스에 따르면, 오리겐의 『아가서 주해』는 거의 2만 행으로 된 열 권의 책이었다. 하지만 그리스어로 된 그의 『아가서 주해』는 상당 부분 소실되었고, 앞의 네 권만이 부분적으로 (그래서 아가서 전체 본문에 대한 오리겐의 주해 가운데 2장 중간까지만), 그것도 루피투스의 라틴어 번역본으로만 남아서 전해진다.

안타깝게도, 루피누스의 라틴어 번역본은 흔히 생각하는 것처럼 원문 그대로를 다른 언어로 번역한 것이 아니었다. 마치 히브리어로 쓰인 구약성서(특히, 아가, 룻기, 애가, 전도서, 에스더)를 아람어로 번역한 타르굼(תרגום)과 같다. 그래서 루피누스의 라틴어 번역본은 원문에 충실하기보다는 번역자의 수정과 해석이 더해진 것에 더 가깝다.

게다가 루피누스는 오리겐이 『아가서 주해』에 수록해 둔 본문비평도 빠뜨렸다. 오리겐은 성경 본문이 가지고 있는 우의적인 의미뿐만 아니라 문자적인 의미도 매우 소중히 다룬 신학자였다. 그래서 우의적인 방법을 통한 영적/신비적 해석 방법에 더하여 아가의 히브리어 본문, 히브리어를 그리스어 문자로 음역한 본문, 그리고 단편들로 전해지는 네 가지 그리스어 본문(아퀼라, 심마쿠스, 오리겐 자신이 개정한 70인역, 테오도시온)을 비교 분석하여 얻은 본문비평의 결과물도 함께 『아가서 주해』의 서두에 수록해 두었다. 그러나 루피누스는 이 모든 결과물이 라틴어로 단순 번역될 때 그 본래적인 의미가 삭감된다고 보았고, 이를 자신의 번역본에서 제외했다.

결국, 이전에 없던 새로운 비전으로 기독교 아가 해석사의 새 전통을 연 오리겐의 『아가서 주해』는 이 같은 아쉬움 속에서 오늘날의 그리스도인들에게 전달되었다. 그렇지만 오리겐이 본래 염두에 두었던 깊고 다양한 생각이 『아가서 주해』의 서문을 통해 지금도 그대로 남아 있다. 또한, 루피누스가 남긴 아가 1-2장 주해(번역)도 하나님의 말씀에서 영적인 가르침을 배우고자 하는 이들에게 좋은 고전 지침서가 되고 있다. 그러므로 오리겐의 『아가서 주해』를 기독교 영성 고전의 최전선에 두는 것은 당연하며, 그 중요성에 있어서도 변함이 없다고 하겠다.

1. 『아가서 주해』의 서문

서문의 첫째 부분에서 오리겐은 히브리어로 "쉬르 하쉬림"(שיר השירים), 글자 그대로 번역하면 가장 아름다운 노래를 뜻하는 "노래들의 노래" 아가(雅歌)에 대해 다음과 같이 설명한다.

> 제가 볼 때 이 책은 솔로몬이 혼인을 앞둔 신부의 입장이 되어 신랑에 대한 거룩한 사랑으로 불타오르는 마음을 연극 형식으로 노래한 '혼인 축가'(ἐπιθαλάμιον)입니다. 신랑은 하나님의 말씀이고, 신부는 그 말씀의 모상으로 만들어진 영혼, 또는 교회이며, 그녀는 그분을 사랑합니다. 또한, 이 책은 우리에게 이 위대하고 완전하신 신랑이 당신과 한 몸을 이룬 그녀, 곧 영혼 도는 교회에게 어떤 말씀을 하셨는지 가르쳐 줍니다 (『교부들의 성경 주해 구약성경 IX-잠언, 코헬렛, 아가』에 실린 번역문을 참조).

유다교 전통(랍비 아키바 또는 필론)에 따라 오리겐은 아가의 저자가 솔로몬이라고 보았다. 그리고 이 책을 일종의 연극으로 이해했다. 이 연극에는 신부와 신랑이 주된 인물로 등장한다. 이 밖에도 신부나 신랑의 친구들이 등장하여, 마치 플라톤의 『향연』과 같은 형식으로, 신부와 신랑 사이에 오가는 사랑의 노래에 후렴을 갖다 붙이기도 하고 대화를 이어 가기도 한다. "임은 나의 것, 나는 임의 것"(아 2:16; 6:3).

그리고 오리겐은 이 같은 노래의 후렴구나 대화를 나누는 향연을 문자적으로, 즉 있는 그대로 해석하여 아가를 "에피탈라미움"(ἐπιθαλάμιον), 곧 혼인 축가로 부르는 것에 있어서 별다른 이의를 제기하지 않는다.

하지만 오리겐은 한 남자와 한 여자 사이의 인간적인 사랑을 다루고 있는 연극이 어느 날 갑자기 성경의 한 권으로 받아들여진 것은 아니라고 분명히 말한다. 이 연극이 성경의 다른 책들처럼 정경에 포함될 수 있었던 이유는 신랑과 신부의 비유를 통해 하나님과 이스라엘, 그리스도와 교회, 또는 그리스도와 개별 영혼 사이의 사랑이 어떠한 것이었는지를 우의적으로 보여주고 있기 때문이다.

이는 마치 구약의 예언자들이 남녀 간의 사랑 또는 부부의 비유(호 3:1; 렘 3:8; 겔 16:15)를 통해 하나님의 사랑을, 신부인 이스라엘을 사랑하시는 신랑 하나님의 모습을 우의적으로 나타낸 것과 같은 이치이다. 따라서 오리겐은 아가를 주해할 때 반드시 유의할 것이 있다고 말한다. 그것은 바로 문자적인 해석에만 머물러 있어서는 결코 안된다는 것이다.

"성경의 모든 본문에는 문자적 의미, 즉 성경의 '육체'만 있는 것이 아니고 성경의 '영혼'과 '영'도 있다."

이는 일찍이 오리겐이 70인역 "너에게 묻는 이들에게 진리의 말들로 대답할 수 있도록 이것을 너의 조언과 지식 안에 삼중으로 기술하라"(잠언 22:20-21)라는 구절을 참조하여, 그의 『원리론』 제4권 "계시편"에서 세운 공리이다. 이 공리의 핵심은 성경의 '영혼'에 해당하는 것이 '육체'를 극복하여 '영'에 이르러야 한다는 것이다.

오리겐은 이를 가리켜 성경 본문의 삼중적 의미(문자적 의미인 육체, 영적인 의미인 영혼, 신비적 의미인 영), 또는 성서를 통해 하나님께 이르는 인간 영혼의 삼중적 여정(초보자, 진보자, 완덕자)이라고 부르는데, 이 같은 공리는 후대 기독교 영성가들에 의해 하나님을 향한 영적인 진보의 세 단계(정화의 길, 조명의 길, 일치의 길)로 표준화된다.[1]

---

1   오리겐이 성경의 '육체'라고 부른 것은 명백한 해석, 또는 일반적이고 역사적인 문자적 의미를 뜻한다고 말할 수 있다. 그리고 그가 성경의 '영혼'이라고 부른 것은 문자적 의미를 넘어서는 영적인 의미를 뜻한다. 마지막으로 성경의 '영'은 신비적 의미를 뜻하며, 이는 인간의 영을 모든 선함과 완전한 덕의 근원이신 "하나님을 지닌 자"(θεόφορος)가 되도록 이끌어 가시는 하나님의 지혜와 불가분의 관계를 맺고 있다. 그리고, 앞선 문자적 의미가 그리스도 안에서 아직 "어린 아이"와 같은 자들도 쉽게 깨닫고 알 수 있는 것과는 달리, 성경의 '영'인 신비적 의미는 오직 하나님의 영인 성령께서 인간의 영을 조명하실 때에만 얻을 수 있고, 성경의 '영혼'인 영적 의미는 오직 하나님의 형상(εἰκών)대로 창조된 이들이 그분의 모양(ὁμοίωσις)을 닮아갈 때에만 꿰뚫어 볼 수 있다고 오리겐은 설명한다.

오리겐이 『원리론』 IV에서 세운 성경 해석의 공리는 『아가서 주해』에 그대로 적용된다. 일례로, 오리겐은 『아가서 주해』의 서문 둘째 부분에서, 마치 사도 바울이 고린도전서 3장 1절에서 '육신에 속한 자'를 '신령한 자'와 구분 짓고 있는 것처럼, '육을 좇아 성경을 읽는 자의 법'을 '영적으로 성숙하여 순결한 눈으로 성경의 언어를 보고 정결한 귀로 듣는 자의 법'과 구분한다. 그리고 오직 후자에 속한 자의 해석만이 아가를 주해하면서도 그 안에 담긴 진정한 의미를 파악할 수 있다고 말한다.

한 마디로, 아가를 읽을 때 중요한 것은 성경의 '육체' 곧 문자가 아니고, 성경의 '영혼'과 '영'이라는 것이다. 마치 인간에게 육체와 영혼과 영이 있듯이, 성경에도 육체와 영혼과 영이 있기에 성경을 읽는 자들은 이러한 삼중적 구조를 온전히 구분해야 하고, 더 나아가 그 안에 담긴 진리(眞理)에 더 가까이 이르기 위해서 성경의 '육체'적 차원을 넘어 '영혼'과 '영'적인 차원에 도달해야만 한다.

성경의 육체와 영혼과 영의 삼중적인 구조를 통해 아가를 읽으면, 그 안에서 무엇을 얻을 수 있을까?

그 옛날 오리겐이 자신의 『아가서 주해』를 통해서 초대교회의 성도들에게 그리고 오늘날 우리 그리스도인들에게 전하고자 한 참된 메시지는 무엇이었을까?

2. 오리겐의 삼중적 주해: 아가 1장 1-4절

앞서 보았듯이, 아가(雅歌)라는 제목은 '노래들의 노래'라고 하는 히브리어 표현 '쉬르 하쉬림'(שיר השירים)의 의미를 살린 것이다. 보통은 "거룩한 것들의 거룩한 것"이 지성소를 뜻하고, 전도서에 나오는 '허무들의 허무'가 모든 것이 허무함, 또는 지극히 허무함을 나타내 듯이 '노래들의 노래'는 가장 아름다운 노래를 뜻한다. 그러므로 오리겐은 먼저 이 제목 안에서 말하는 '노래들'이 무엇인지를 설명한다.

즉, 아가가 그 노래들 가운데 마지막이자, 유일무이한 참 노래라고 하는 것인데, 오리겐에 따르면 구약 성경 안에는 모두 일곱 개의 노래가 있다.

첫 번째 노래는 출애굽기 15장에 실린 모세와 이스라엘 백성의 노래이다. 오리겐은 이 노래를 부르기 위해서는 먼저 인간 영혼이 이집트의 종살이, 곧 죄와 해악으로부터 해방되어야 한다고 말한다.

두 번째 노래는 민수기 21장의 우물의 노래이고,

세 번째 노래는 신명기 32장에 실린 모세의 노래이며,

네 번째 노래는 사사기 5장에 있는 드보라와 바락의 노래이다.

다섯 번째 노래는 사무엘하 22장에 실린 다윗의 승전가이고,

여섯 번째 노래는 역대상 16장에 실린 시편이다.

일곱 번째 노래는 '노래들의 노래' 아가, 곧 '쉬르 하쉬림'(שיר השירים)이다.

단지 문자적인 의미에서 아가를 읽으면, 여기에서는 먼저 신부가 무대에 등장한다. 아가의 첫 마디는 신부의 간절한 염원을 표현한다.

> 나에게 입 맞춰 주세요!(아 1:2).

신부는 결혼을 앞두고 있다. 신랑의 친구들(모세와 예언자들)에게서 이미 혼인 선물(율법과 예언)을 받았고, 신랑이 곧 혼인 잔치에 참여할 거란 소식(앞의 여섯 노래)을 전해 들었다. 앞선 아가 1장 2절은 이 소식을 전해 들은 신부가 신랑을 기다리며, 그의 입맞춤을 소망하는 장면이 담겨 있다. 오리겐은 이것이 아가에 실린 실제 연극의 줄거리라고 여긴다. 말하자면, 성경의 '육체'적인 차원의 의미를 전제하고 아가서 주해를 시작하는 것이다.

그러나 이 일곱 번째 노래는, 오리겐에 따르면 성경의 '영혼'적인 차원에서 영적으로도 해석될 수 있다. 신부를

교회에 적용하는 것이다. 성인들의 무리인 교회는 신부이다. 이미 오래 전부터 교회(신부)는 구약 시대로부터 준비된 혼인 선물을 받았고, 율법과 예언이 가져다준 신랑(곧 하나님의 아들이신 그리스도 예수)의 도래 소식을 전해 들었다. 그래서 그분의 오심을 그때부터 지금까지 갈망하고 있고, 그분이 속히 오셔서 신부된 교회에게 직접 입을 맞춰 주시기(육화-강생)를 간절히 기다린다.

다음으로는 성경의 '영'적인 차원에서 신비적인 해석을 전개한다. 신랑 곧 말씀으로 육화-강생하신 하나님과의 결합(혼인)을 간절히 염원하는 신부는 이제 교회를 넘어 개별 영혼에 확장된다. 오리겐은 교회가 율법과 예언을 혼인 선물로 받았던 것과 마찬가지로 개별 영혼도 자연법과 이성적 능력(자유 의지)을 혼인 선물로 받았다고 말한다. 그리고 이 선물을 쥔 각 영혼이 하나님의 말씀(신랑)으로부터 직접 입맞춤을 받길 소망한다.

그런데 이때의 소망, 그리고 입맞춤은 이어지는 "임의 사랑은 포도주보다 더 달콤합니다"(아 1:2)라는 구절을 통해 다음과 같이 '영'적인 차원에서 해석된다. 먼저 '포도주'는 신랑이신 그리스도께서 오시기 전에 신부가 율법과 예언을 통해 받았던 혼인 선물 즉 구약의 옛 규정과 가르침을 나타낸다. 그리고 '가슴'은 다른 성경의 본문에서 '마음'이 그러하듯이 인간 마음의 주요한 기능을 나타낸다. 그래서 인자(人子)의 가슴은, 마지막 만찬 때에 예수님의 사랑을 받았던 제자가 그분의 가슴에 기대어 그분을 배신할 자가 누구인지 은밀하게 물었다고 할 때와 같이(요 13:23 이하), 그분의 거룩한 진실이, 말씀(Word)의 말씀들(words)이 나오는 자리이다.

신부는 그분의 가슴에서, 그리스도 예수 안에 감추어져 있는 말씀을 간구한다. 아니, 그 말씀이 더 이상 그분 안에서 감추어져 있지 않고 온전히 드러나기를, 그리하여 신랑 예수의 사랑받는 신부인 자신의 마음 속에 흘러 들어오기를 소망하는데, 이 '것'(흘러 들어옴)이 바로 "입맞춤"을 나타낸다.

그리고 이러한 입맞춤을 받은 신부는 마침내, 모든 진실과 말씀을 사랑하는 자에게 흘려보내 주신 신랑, 곧 말씀(Word)의 '내전'(內殿)에 이르게 된다(아 1:4). 이때의 '내전'이란, 문자적 의미에서는 지상의 왕궁, 영적 의미에서는 천상의 왕궁을 뜻하지만, 신비적 의미에서는 완전, 곧 그리스도 예수를 닮고 그분과 온전히 연합한 '테오시스'를 뜻한다. 그러므로 오리겐은 아가가 하나님의 말씀, 곧 그리스도 예수(신랑)에 대한 사랑으로 타오르는 복된 영혼(신부)의 사랑, 염원, 소망에 대한 노래라고 말한다.

그리고 이 노래가 다른 어떤 노래보다 귀하기에 신랑 되신 그리스도를 바라고 기다리는 모든 영혼의 입술에서,

그리고 교회의 모든 입에서 영원히 머물고 불리기를 권고한다.

3. 성경과 삶을 잇는 영적인 그릿(Grit)

오리겐이 이처럼 성경을 주해한 이유는 무엇일까?

그는 삶 속에서 성경을 살아내고자 했다. 그리고 그 비결을 신자들에게도 전해주고자 했다. 그럼으로써 그는 기독교 신자들이 하나님을 향한 영적인 진보의 여정을 걷게 되기를 바랐다. 이는 다시 말해 성경을 영성 생활의 근본 규범으로 간주하고 있다는 말이다. 따라서 성경에 대한 이해(특히 삼중적 이해)는, 오리겐의 가르침에 따르면, 우리의 영성 생활에서 있어서 아주 중요할 수밖에 없다.

더 나아가 오리겐은 성경과 영성이 매우 긴밀하게, 또한 유기적으로 구성되어 있다는 것을 알리고자 했다. 이미 앞서 언급한 성경 본문의 삼중적 의미와 하나님께 이르는 인간 영혼의 삼중적 여정이 바로 그것이다. 오리겐에 따르면, 성경 본문에는 문자적 의미, 영적인 의미, 신비적 의미가 있다. 그런데 마음이 굳은 사람들, 보다 구체적으로 말하면 성경을 자구적으로만 이해하는 무지한 사람들은 문자적 의미 외의 다른 의미에 관해선 알지 못한다.

이는 오리겐 시대의 영지주의자들을 포함한 이단자들도 마찬가지다. 그들 또한 성경 해석의 출발점이 되는 문자적 의미를 넘어서지 못한다.

그렇다면 어떻게 해야 할까?
누가 성경의 문자적 의미를 넘어 영적인 의미와 신비적 의미에 도달하고, 깨닫고, 깊이 이해할 수 있을까?

오리겐은 성인과 신비가들이야말로 그 깊은 의미를 알아들을 수 있다고 생각했다. 즉, 하나님께 보다 더 가까이 다가가 그분과 깊은 관계를 맺는 사람일수록, 다시 말해 영적으로 진보하고 마침내 완덕(完德)에 이른 사람이어야만 비로소 성경의 영적인 의미와 신비적인 의미를 깨달아 알 수 있다는 것이다.

따라서 성경을 더 깊이 알고 이해하려면, 영적으로 진보해야 한다. 신자는 초보자에서 진보자로, 진보자에서 완덕자로 성장해야 한다. 계속해서 자라나야 하고, 성숙해야 한다. 물론 이 과정은 단지 인간의 일이 아니다. 그 과정은 언제나 그리스도께서 우리에게 먼저 다가오시는 일, 즉 그분의 성육신을 통한 선행적 오심을 통해서만 시작될 수 있다.

> 하나님의 아들이 육이 되어 오심을 몰약 방울이라 하고, 이를 아주 작고 사소한 어떤 것으로 정의할 수 있다면 … 혼인의 드라마에서 말할 수 있듯이 신부가 자기 연인이 몰약처럼 자기 가슴 사이에서 쉬고 있는 것과 같다고 할 수 있다 … [또한 그것은] 심장의 주요 기관을 가리키는 것으로도 [묘사될 수 있는데] 교회는 그에 힘입어 그리스도를 지니며 영혼은 자신의 열망과 깊이 연결된 하나님의 말씀을 지니게 된다(오리겐 『아가서 주해』 제 2권).

허나 그 시작은 일방적이지 않고 관계적이다. 강제적이지 않고 인격적이다.

결국, 우리가 그리스도의 성육신적 '먼저' 오심을 향해 얼마나 더 열려 있느냐?
그분의 오심을 위한 자리가 내 안에 있느냐?

즉, 그리스도와의 살아있는 교제, 영적인 결혼, 사랑의 합일을 우리가 얼마나 더 그리고 '지속적'으로 받아들이는지 여부에 따라 우리의 영성은 진보하고, 그 진보에 발맞춰 성경의 더 깊은 의미가 우리 삶 속에 살아 들어오게 된다.
이때, '지속적'이란 말이 중요하다. 영성의 진보는 한 순간, 매력적으로 그리고 불사르는 듯한 사건처럼 치솟는 열정이 아니다. 무엇보다 그것은 '강도'(强度)의 차원과 관련된 감정이 아니다. 대부분의 중요한 일 또는 더 가치 있는 일들이 그렇듯이 영성이라고 하는 것도 그것을 이루고 얻으려면 최소 몇 년에서 수십 년의 기간, 아니 어쩌면 평생이 걸릴지도 모를 일이다. 한 마디로 그것은 '지속성'의 일이다. 한순간 미친듯이 좋아해서 될 어떤 감정이나 열정이 아닌, 그 모든 것을 이겨내야만 하는 수고, 열심, 곧 진정한 열정이야말로 오리겐의 『아가서 주해』가 추구한 영성의 본질이다.

『그릿』(Grit)이라는 책을 집필한 심리학자 안젤라 더크워스(Angela Duckworth)에 따르면, 진정한 열정이란 한순간 불타오르다 사그라지는 감정이 아니다. 그것은 힘든 순간에도 포기하지 않고 계속 자기가 시작한 일을 사랑하는 열심이고 끈기다. 인생이 100미터 달리기가 아니듯 천상의 본향을 향한 신자들의 여정도 결코 단거리 경주가 아니다. 더크워스가 말한 이 '끈기 있는 열정,' 즉 '그릿'이야말로 우리의 신앙 여정의 실제적 현실을 보여준다.

우리 삶 속에는 수많은 파도가 넘나든다. 크고 작은 파도에 우리 몸이 부딪힌다. 그러나 어떤 상황에서도 자신이 하나님을 향해 세운 거룩한 원의를 포기하지 않고 키워 나가는 것, 곧 인내, 끈기, 지속성, 항구함. 바로 영적인 그릿이야 말로 성경의 더 깊은 의미를 우리의 삶 속에 되살리기 위해 필요한 신앙의 기본기라고 할 것이다.

성경을 통해, 아니 더 구체적으로 말하자면 성경을 붙잡고 그리스도와 연합하는 영적인 그릇을 통해 당신의 삶 속에 천상의 본향을 향한 걸음이 시작되길 바란다. 지속되길 바라며, 마침내 완주하길 바란다.

> 사랑하는 그대[신랑 예수]여, 나에게 말하여 주세요.
> 임은 어디에서 양 떼를 치고 있습니까?
> 대낮에는 어디에서 양 떼를 쉬게 합니까?
> 양 떼를 치는 임의 동무들을 따라다니며,
> 임이 있는 곳을 물으며 헤매란 말입니까?
> 여인들 가운데서도 빼어나게 아리따운 여인[신부 교회/인간 영혼]아,
> 네가 정말 모르겠거든,
> 양 떼의 발자취를 따라가거라.
> 양치기들이 장막을 친 곳이 나오거든,
> 그 곁에서 너의 어린 염소 떼를 치며 기다려 보아라(아 1:7-8).

/ 2 \

아타나시우스(c.295-c.373)의 『안토니의 생애』

프랑스 알자스로렌(Alsace-Lorraine) 지방의 남서쪽에 위치한 작은 마을 이젠하임(Isenheim)에는 성 안토니 수도원 병원이 있었다. 이곳은 가난하고 소외된 병자를 치료하는 것을 주님의 부르심으로 여겼던 중세 수도사들이 세운 자선 병원이었다. 1515년을 전후로 그곳에서, 당대의 최고 원로 화가 마티아스 그뤼네발트(Matthias Grünewald)와 조각가 니콜라스 하그노버(Nikolaus Haguenaur)가 초대를 받았고 서양 미술사에 길이 남을 작품을 완성했다. 그 작품이 바로 성 안토니 수도원 병원의 성당 중앙 제단에 설치된 목판 유채화 이젠하임 제단화(Isenheim Altarpiece)다.

여러 '겹'으로 접혀 있다가, 특별한 절기(성령강림절, 사순절, 부활절)가 되면 두 번에 걸쳐 단계별로 활짝 펼쳐지게 되는 이젠하임 제단화(Isenheim Altarpiece)에는 예수의 탄생과 죽음 및 부활 등을 묘사한 그림이 여럿 그려져 있다. 그중에서 가장 유명한 것은 예수의 십자가 처형 장면이다. 그뤼네발트는 십자가에서 죽어가는 예수의 형상을 묘사하면서, 그분의 온 몸에 소위 성 안토니의 열병(St. Antony's Fire)이라고도 불린 맥각병으로 인한 상처를 생생히 그려 넣었다.

맥각병은 중세 유럽을 약 500년 동안 황폐화시킨 세균성 질병이다. 이 병은 환자의 피부를 먼저 손상시킨 뒤, 서서히 피부 속으로 곪아 들어가 신경과 혈관을 상하게 하여 고열과 경련을 일으키거나 환각 등의 증세를 유발한다. 그리고 심한 경우에는 죽음에까지 이르게 하는데, 당시 성 안토니 수도원 병원에는 맥각병으로 인해 고통을 겪다가 절망 속에 죽어간 환자들이 많았다.

그뤼네발트는 이처럼 맥각병으로 죽어가는 환자들의 얼굴과 표정, 손발의 경련 그리고 온 몸의 상처들을 매우 사실적으로 십자가에 달린 예수의 형상에 그려 넣었다. 당대의 교회적 분위기나 부활-승리의 신학적 관점에서 본다면, 이는 도저히 이해할 수 없는 끔찍한 묘사임에 분명했지만, 그뤼네발트의 제단화 속 예수(맥각병으로 인해 상처를 받아 몹시 쇠약해지고 앙상해진, 곧 우리의 병고를 대신 짊어진 수난의 종 그리스도)는 당대의 수많은 맥각병 환자들이 죽음 앞에서도 두려워하지 않고 주님의 위안을 얻도록 해주었다.

그런데 이젠하임 제단화에는 주님의 위안 외에도, 성 안토니 수도원의 설립자인 동시에 이집트 병자들의 수호 성인(saint)이라고도 불린 안토니의 인생 서사, 곧 구원과 치유의 희망 메시지도 담겨 있다. 이 메시지는 평시엔 볼 수가 없고, 크게 세 '겹'으로 겹쳐져 있던 제단화가 완전히 펼쳐질 때, 그리하여 하그노버가 조각한 안토니의 목판 조각상이 그뤼네발트가 그린 유채화(안토니가 당한 유혹과 영적인 승리에 대한 이야기를 묘사한 그림)와 함께 제단화 중앙에서 그 모습을 완전히 드러낼 때만 볼 수가 있다.

완전히 열린 제단화의 중앙에 위치해 있는 안토니는 결코 맥각병 환자들의 삶을 특징 짓는 고통과 불안으로부터 초연하게 서 있던 인물이 아니었다. 그는 온갖 불안이나 의심 또는 육체적 유혹이나 질병에 의해 두들겨 맞고, 할퀴고, 찢기면서도, 그리스도 예수 안에 나타난 하나님의 은혜에는 치유가 있고 구원의 소망이 있다는 것을 믿었고, 따라서 어떠한 유혹이나 질병 속에서도 그리스도 예수를 향한 영적인 '홀로 삶'(Anachoresis)을 멈추지 않았다.

그리고 마침내 원래의 태고적 인간, 곧 타락 이전의 아담과 같은 영적인 상태가 되었다고 전승되고 있다. 이 전승에 따르면 안토니는 한편으로는 알렉산드리아로 건너가 멜레티우스 분파와 마니교 및 아리우스파와 같이 초기 기독교 신앙을 좀 먹고 병들게 하는 이교도들에 저항하면서 정통 기독교 교회의 교리를 수호하였고, 다른 한편으로는 이집트의 사막으로 자신을 찾아 건너온 수많은 병자를 치료하고 돌봤다.

이러한 삶을 선택한 안토니는 지금으로부터 약 500년 전, 그뤼네발트와 하그노버에 의해 한 폭의 그림과 조각으로 전용(全用)되어 프랑스의 한 작은 마을에 위치하고 있던 수도사들의 자선 병원 환우들을 위로했다. 어떤 고난과 질고 속에서도 끝까지 그리스도 예수를 좇고 믿음을 지키는 자들은 구원과 치유의 산 소망을 얻을 것이라고, 그렇게 죽음 앞에 선 맥각병 환자들의 꺼져가는 희망에 불을 지폈다.

그렇다면, 오늘날 우리 그리스도인들이 안토니의 삶으로부터 전용(全用)해 올 수 있는 것에는 어떤 것들이 있을까?

1. 『안토니의 생애』의 저자, 내용, 영향

전체 두 파트, 총 94개의 장(章)으로 구성된 『안토니의 생애』는 니케아신조의 열렬한 수호자였던 4세기 알렉산드리아의 교부 아타나시우스(Athanasius)가 로마 황제의 박해를 받아 이집트 사막으로 세 번째 추방되었을 때(356년과 358년 사이) 기록한 성인(聖人)전이다. 당시 영웅이나 현자 또는 성인들의 삶을 칭송하는 그리스-로마 문학의 한 장르였던 에코미움(Encomium)의 영향을 받은 이 책은 대다수의 성인전기(聖人傳記)가 그렇듯 뭇 사람들이 성인의 삶을 예찬하고 모방할 수 있도록 영감을 주는 일에 주력하고 있다.

아타나시우스에 따르면, 비교적 부유한 가정에서 태어난 안토니는 이집트 나일강 유역에서 유복하게 자랐다. 하지만 그가 20세가 되던 해, 한차례 커다란 인생의 위기를 맞았다. 바로 그의 부모가 모두 사망한 것이다. 아주 큰 농장(200 acres)을 유산으로 받으면서 이른바 경제적인 안정을 일시적으로 되찾지만, 그의 마음 속에 일고 있었던 상실로 인한 소용돌이는 안토니를 쉽게 놓아주지 않았다.

결국, 그를 거기서 구출해 준 것은 알렉산드리아에 있는 한 교회였다. 특히, 사도행전 4장 35-37절의 말씀과 마태복음 6장 34절 및 19장 21절의 말씀이 그를 자유케 했다. 그리고 이내 자신의 소유를 팔아 가난한 이웃과 교회와 은세 수도승 및 공주 수도승의 수도원을 돕고, 사도적 삶, 곧 그리스도 예수를 본받는 금욕의 삶을 시작했다.

처음에는 버려진 무덤에서, 그 다음에는 군대 막사를 거쳐 더 깊은 사막으로 들어가 영적인 '홀로 삶'(Anachoresis)을 이어간 안토니는 일평생 그리스도 예수를 닮기 위한 사도적 양생(養生)법의 일환으로 다음과 같은 여섯 가지 형태의 금욕을 수행했다.

(1) 일상의 노동
(2) 철야 및 야외 생활(히파이트라)
(3) 엄격한 식사법 및 금식

(4) 사사로운 생각 및 영적인 유혹과의 싸움
(5) 쉬지 않는 기도
(6) 성경을 읽고 기억하는 훈련

그리고 이집트 북부 켈리아와 스케티스 사막에서 나일강 하구의 테바이스에 이르는 알렉산드리아의 전 지역을 오가며 영적 투쟁과 치유 사역 및 정통 기독교 신앙 수호에 몰두했다.

당시 그가 남긴 주옥 같은 금언(金言)과 이야기 형식의 수도원 규칙이 『안토니의 생애』에 잘 기록되어 있다. 그리고 이 기록은-안토니의 영적인 교훈을 담은 또 다른 고대 문헌 『교부들의 금언집』(*Apophtegmata Patrum*)과 『라우스스에게 바친 수도승 이야기』(*Historia Lausiaca*)와 함께, 훗날 라틴어, 시리아어, 콥트어, 아랍어, 아르메니아어 등으로 번역되어 서방 수도원 및 비잔틴 금욕주의의 발전에 큰 영향을 미쳤다.

이 밖에도 『안토니의 생애』는 초기 그리스도인의 삶과 실천 그리고 수도원 역사를 기술하는데, 또한, 앞서 제시된 이젠하임 제단화를 통해 볼 수 있었던 것처럼, 기독교적 예술 및 문화의 발전에도 커다란 영향을 미쳤다.[1]

---

1   예를 들면, 『파코미우스의 최초의 그리스 생활』(*the First Greek Life of*

2. 아타나시우스(c.295-c.373)의 『안토니의 생애』   41

그중 가장 결정적인 것은 386년 8월경 밀라노에서 발생했던 한 일화(逸話)라고 할 것이다. 당시 밀라노의 한 외곽에는 암브로시우스의 가르침을 받아 이교도의 그늘에서 막 벗어나기 시작한 젊은 아우구스티누스가 머물고 있었다. 그는 자신의 아프리카 동료 폰티키아누스(Ponticianus)가 전해준 성인(聖人)전 한 권을 받아 읽은 뒤, 곧장 밖으로 뛰쳐나가 성경을 펴 읽기 시작했다. 훗날 그가 쓴 『고백록』의 제8장 8절 29항에 따르면 당시 그가 읽은 성인(聖人)전은 『안토니의 생애』였고 성경은 그 유명한 로마서 13장 13-14절이었다.

> 낮에 행동하듯이, 단정하게 행합시다. 호사한 연회와 술취함, 음행과 방탕, 싸움과 시기에 빠지지 맙시다. 주 예수 그리스도로 옷을 입으십시오. 정욕을 채우려고 육신의 일을 꾀하지 마십시오(롬 13:13-4).[2]

Pachomius, c.400), 『스키토폴리스의 시릴의 팔레스타인 수도사들의 역사』(Cyril of Scythopolis's History of the Monks of Palestine, c.440), 『그레고리 대제의 담화집』(Gregory the Great's Dialogues, c.590) 등이 있다. 뿐만 아니라, 『안토니의 생애』는 히에로니무스(Hieronymus)와 세베루스(Severus)가 각각 사도 바울과 프랑스 투르의 성인 마르티노의 성인전기(聖人傳記)를 기록하는 데에 있어서도 큰 영감을 주었다.

[2] 참고로, 롬 13:13-14은 아우구스티누스가 한때 이교도에 빠져 허랑방탕한 삶을 살았던 자신을 뒤돌아보고, 참되고 온전한 그리스도인으로 개종하는 데 이르게 한 성경 말씀으로 유명해진 구절이다.

도대체 『안토니의 생애』에는 무엇이 담겨 있는 것일까? 어떤 힘이 거기에 있길래, 어떤 영성이 거기서 꿈틀대고 있길래 옛 선구자들이-또한, 이젠하임의 맥각병 환우들이-거기서 영감을 받고, 참회의 동력을 이끌어 내며, 인간의 말로 다할 수 없는 위로를 얻어낸 것일까?

이 질문에는 분명, 여러 다양한 답이 가능할 것이다. 하지만 여기에선 '기독교 영성의 고전'이란 글의 취지에 따라 한 가지 주요한 영적 교훈을 제시하는 것으로 갈음하겠다.

2. 참회: 마음의 전투, 거룩한 폭거(暴擧)

기독교 영성의 고전적 지위를 계속해서 누리고 있는 『안토니의 생애』에서 우리 그리스도인들이 배워야 할 주요한 영적 교훈 중 하나는 안토니가 사막에서 견뎌야 했던, 그리고 궁극적으로 승리한 악마와의 투쟁과 밀접한 관련이 있다. 안토니는 약 20년 동안 나일강변의 한 동굴에서 홀로 살았다. 거기서 그는 자주 악마의 괴롭힘을 당했는데, 이때의 (안토니를 괴롭혔던) 악마는 어떠한 외부적 실체나 영적인 존재가 아니었다.

오히려 자신의 내적인 삶의 일부, 즉 그리스도 예수를 닮고자 하는 그의 마음을 쉽게 뒤흔들고 일시적으로나마 점령하는 데 성공했던 불안과 의심과 유혹과 같은 내면의 악에 이름을 가져다 붙인 것이 바로 (안토니가 말한) 악마였다. 따라서 안토니가 벌인, 그리고 『안토니의 생애』가 오늘날 우리에게 전해주고 있는 영적인 교훈으로 악마와의 투쟁이란 자기 자신을 향해 한 인간(그리스도인)이 벌인 마음의 전투이자 거룩한 폭거(暴擧)를 뜻한다.

이러한 해석과 관련해서는, 한 가지 골치 아픈 시를 떠올리는 것이 유용할 것이다.

> 성도들의 입에는 하나님께 드릴 찬양이 가득하고, 그 손에는 두 날을 가진 칼이 들려 있어, 뭇 나라에게 복수하고, 뭇 민족을 철저히 심판한다. 그들의 왕들을 족쇄[사슬]로 채우고, 고관들을 쇠사슬[철 고랑]로 묶어서, 기록된 판결문대로 처형할 것이니, 이 영광은 모든 성도들의 것이다. 할렐루야(시 149:6-9).

기독교의 오랜 전통은 늘 고집스럽게도 다른 모든 시 가운데, 특별히 이 시를 성인(聖人)들을 기리는 만성절(萬聖節)의 대표적인 기념(예찬)시로 손꼽아 왔다. 이런 특이한 선택을 보면서, 우리 모두는 이 시의 대체 어떤 부분이 기독교의 성인들을 드높이는 데 적합한 것인지 의문을 가질 수밖에 없다.

"두 날 가진 칼"이 나오고, "사슬"과 "철 고랑"이 등장하는 이 폭력의 시어(詩語)가 어찌 성인들의 삶을 꿰뚫는 긴요한 텍스트가 될 수 있을까?

이 선택은 분명 이상하고 독특하다. 하지만 우리 모두의 의문을 자아내기 충분한 저 만성절과 시편 본문 사이의 조합은 의외로, 기독교 성인들의 소박하면서도 철저한 영성이 무엇인지를 오롯이 밝혀준다. 기독교의 성인들은 하나같이 그리스도 예수를 닮기 위해 혹독한 시련의 길을 걸었다. 많은 고난과 시험을 겪었고, 뜨거운 피와 눈물도 흘렸다.

그런데 그들이 겪어야 했던 시련은 단지 하나님의 원수가 초래한 재앙이 아니었다. 오히려 그것은 하나님께서 그들에게 직접 기착(寄着)할 것을 요청한 시험이었다. 마치 성령께서 예수를 광야로 내몰아 마귀에게 시험을 받게 하셨듯이 그들은 자신 안에서 하나님을 대적하는 세력들(질병과 낙심과 불신)을 "사슬"과 "철 고랑"으로 포위하고 "두 날 가진 칼"로 싸움을 벌인 뒤 끝내 이들을 자신 밖으로 내몰기 위한 시험을 받았다.

자신 안의 대악(大惡)을 상대하는 쓰라린 대면이었고, 하나님 나라를 자신 안에 이루려는 폭력이자 성전(聖戰)이었다. 그리고 기독교의 오랜 전통은 이와 같은 쓰라린 대면, 폭력, 성전(聖戰)을 가리켜 '참회'라고 불렀다.

『안토니의 생애』가 진정 에코미움(Encomium)의 형식으로 쓰여진 성인(聖人)전이라면, 그것은 본래 영감을 주기 위한 이야기다. 성인들의 삶을 모방하라는 부름이 거기에 담겨있다는 뜻이다. 이 부름에 따라 실로 많은 그리스도인들이 분전(奮戰)했다. 밀라노에서는 아우구스티누스가, 이젠하임에서는 맥각병에 걸린 수많은 환우기가 『안토니의 생애』를 통해 직간접적인 참회의 소용돌이에 휘말려 들어갔다.

그렇다면 오늘날 우리 그리스도인들은 어떻게 할 것인가?

이 부름에 응할 것인가?

아니면, 말 것인가?

만일 응하고자 한다면, 이제 길은 하나로 정해진다. 자신 안의 악마와 끝까지 투쟁하라!

어떤 것을 차지하거나 계속 지배하는 폭력이 아닌, 성인들의 싸움 곧 참회의 폭거를 자신의 마음 속에 일으키라!

그리하면 "그들의 입에는 하나님에 대한 찬양이" 있을 것이고, 그들의 "할렐루야"는 모든 죽음을 산산조각 내는 폭력과 모든 생명을 일으키는 승리의 찬양이 조합된 표지, 곧 그리스도의 십자가 영광으로 가득 찰 것이다.

안토니우스는 자기 손으로 노동했습니다. 게으른 자는 먹지도 말라(살후 3:10)는 소리를 들었기 때문입니다. 그는 자기 수입의 일부는 생계를 위해 사용했고, 일부는 필요한 이에게 나누어 주었습니다. 안토니우스는 계속해서 기도했습니다. 부단히 홀로 기도할 필요가 있다고 배웠기 때문입니다. 성서 독서에 그렇듯 주의를 기울였기 때문에 거기에 기록된 것 중 아무것도 땅에 떨어지지 않게 하고 모두 기억했습니다. 그에게는 기억력이 성서를 대신했습니다. 안토니우스는 이렇게 생활했고, 이 때문에 모두에게 사랑받았습니다.

그는 어떤 사람에게서 자비심, 또 다른 사람에게서 기도에 대한 열정을 보았습니다. 어떤 사람 안에서 온유를, 또 다른 사람 안에서는 이웃에 대한 사랑을 관찰했습니다. 그는 사람들이 어떻게 철야를 혹은 성서 독서를 사랑했는지 보았습니다. 그는 어떤 사람의 변치 않음에 대해, 또 다른 사람의 단식과 땅바닥에서 잠을 자는 습관에 대해 감탄했습니다. 그는 어떤 이의 온유와 또 다른 이의 관대함을 관찰했고, 그들 모두의 그리스도께 대한 신앙과 서로에 대한 사랑에 주목했습니다.

이런 식으로 충만하게 된 안토니우스는 … 각 사람에게서 배운 모든 바를 실천하려고 노력했습니다 … 마을의 모든 사람, 선을 사랑하고 그와 교제했던 사람들은 그러한 그를 하나님의 벗이라 불렀고, 어떤 이들은 그를 아들처럼, 어떤 이들은 형제처럼 사랑했습니다(아타나시우스, 『사막의 안토니우스』, III.6.-IV.4).

3

닛사의 그레고리(c.335-c.395)의 『모세의 생애』

 기독교 신학사와 영성사를 통틀어 '교부들의 교부'라고 불린 닛사의 그레고리는 335년경 카파도키아 지역 가이사랴에서 10명의 형제 자매들 가운데 셋째 아들로 태어났다. 비교적 온순하고 조용한 성격이었던 그는 아테네가 아닌 가이사랴에서 고전 문학과 철학 그리고 의학과 수사학을 공부했을 것으로 추정된다. 특히 수사학에서 두각을 나타낸 그는 젊은 시절 교회의 일뿐만 아니라 수사학 교사로도 활동했다.

 하지만 그는 '사마리아/세바스테의 40 순교자'(Forty Martyrs of Samaria/Sebaste) 반열에 오른 부모의 깊은 신앙심 덕분에 그리고 훗날 가이사랴의 주교로 봉직한 형 바질(c.329-c.379)과 인간 영혼, 죽음, 부활 및 총괄 갱신(αποκατάστασης)을 강론할 만큼 지적인 누이 마크리나(c.270-c.340)의 영향을 받아 369년경부터 수사학 교사의 길이 아닌 강독자(lector)의 길을 걸었다.

그 후, 372년이 되던 해 카파도키아 닛사의 새로운 주교가 되어 폰토스(Πόντος) 일대에서 더 많은 교회의 일을 감당하기 시작했다. 379년에는 안디옥 회의에 참석해 아라비아 교회를 위한 특별한 업무를 맡았고, 383년에는 콘스탄티노플 종교 회의에 참석해 성자와 성령의 신성에 대해 설교를 했다. 특히, 그 설교에서 그는 성령이 하나님으로부터 피조된 능력 혹은 도구라고 주장한 성령피조설파(Pneumatomachi)를 경계하라고 가르쳤다.

그 후로도 그는 '하나의 본질(οὐσία)에 세 위격(ὑπόστασις)이 있다'는 삼위일체론 형성에 앞장섰다. 그 과정에서 성자 예수는 '창조된 존재'(ποίημα)에 불과하다고 말했던 아리우스의 가르침을 거칠게 꾸짖었고, 예수는 완전한 하나님일 뿐 완전한 인간은 아니었다고 설교한 시리아 라오디게아 감독 아폴리나리우스[1]의 교설(巧說)을 비판했다. 그리고 이는 그의 니케아-콘스탄티노플 정통 신학자로서 면모를 아시아 및 아프리카 전역에 퍼뜨리는 결정적 계기가

---

[1] 인간의 죄는 의지 안에 주재(駐在)하면서 자유 의지와 상호 의존적이기 때문에 완전한 인간이 존재하는 곳에는 언제나 죄가 존재한다. 그러므로 죄가 없으신 예수는 완전한 인성을 취하신 것이 아니고, 오직 육체 및 육체와 직접적인 관련이 있는 민감한 영혼만을 취하신 것이다. 다시 말해, 예수는 완전한 하나님일 뿐 완전한 인간은 아니라고 주장한 시리아 라오디게아 감독 아폴리나리우스의 사상을 좇는 이단이다.

되었다.

이 밖에도 닛사의 그레고리는 기독교 영성가로서도 발군의 업적을 여럿 쌓았는데, 그중 가장 대표적인 작품이 바로 『모세의 생애』(*The Life of Moses*)이다. 하지만, 이 밖에도 성경 본문에 가득 찬 영적인 교훈을 주거나 신앙인들의 영성 및 수덕 생활을 돕기 위한 수도원 운동의 이론서가 있다.

(1) 『시편의 제목에 관하여』(*On the Titles of the Psalms*)
(2) 『전도서를 주제로 한 설교들』(*Homilies on Ecclesiastes*)
(3) 『주님의 기도에 관하여』(*On the Lord's Prayer*)
(4) 『지복에 관하여』(*On the Beatitudes*)
(5) 『노래들 중의 노래에 관하여』(*On the Song of Songs*)
(6) 『기독교 신앙 고백에 관하여』(*On the Christian Profession*)
(7) 『완전에 관하여』(*On Perfection*)

1. 『모세의 생애』의 구조, 내용, 목적

나지안주스의 그레고리(Gregory of Nazianzus)의 친형제이자 카파도키아 수도원 전통의 은수자인 카이사리우스(Caesarius)의 부탁으로 기록된 『모세의 생애』는 마태복음 5장 48절의 말씀에 따라 영적으로나 육적으로 완전한 삶을 추구하고 훈련하는 수도사들이 모였을 때 독회(讀會)하기 좋은 구조로 되어 있다. 그의 다른 두 작품도 위와 같은 구조로 되어 있다.

즉, 아나스타시아 교회[2]의 여성 부제인 올림피아(c. 362-c.408)의 요청에 따라 콘스탄티노플의 수도승을 위해 쓴 『아가 강해』(*Homilies on the Song of Songs*)도 그렇고, 수도승 생활에 대한 저술로 그의 생애 마지막 역작이 된 『그리스도인 생활 양식』(*Hypotyposis*)도 그렇다. 이들 작품은 모두 맏형 바질의 오랜 숙원이기도 했던 수도원 전통에 신비 생활을 북돋는 독회서로써 동·서방을 막론하고 널리 영향력을 떨쳤다.

『모세의 생애』는 크게 두 권으로 구성되었는데 1권은 우선 출애굽기와 민수기와 신명기에 나타난 모세의 삶을 문자의 눈으로 파악한 6가지의 '히스토리아'(historia)로 기록되어 있다.

(1) 모세의 출생과 하나님의 역사
(2) 모세의 광야와 떨기나무 소명
(3) 모세의 출애굽 선포

---

2 나지안주스의 그레고리가 아리우스파에 반대하는 유명한 설교를 하여 '신학자'란 칭호를 얻은 곳이 바로 아나스타시아 교회이다.

(4) 하나님과 모세의 시내산 대화
(5) 가나안 땅을 정탐한 모세
(6) 모세의 죽음

그리고 이어서 2권은 모세의 삶에 일어난 39가지의 개별 사건들을 알레고리로 즉 성경 본문의 문자적 의미를 넘어 내적 의미와 영적 의미 혹은 윤리/도덕적 교훈을 강하게 부각시키는 '테오리아'(contemplatio)로 기술되어 있다.

닛사의 그레고리에 따르면, 하나님은 각자의 성별(性別)이나 성정(性情)에 알맞은 모범을 아브라함이나 사라 또는 모세와 같이 성경 속의 위대한 인물의 삶을 통해 알려 주신다. 따라서 성경의 인물이 걸어간 인생길을 하나님의 말씀을 통해 열람하는 한편, 이를 자신의 고유한 언어로 재기술하는 것은 역사 속의 한 사람을 소개하는 것에서 끝나는 일이 결코 아니다. 그것은 오히려 신앙인의 삶과 영성에 적용하는 것까지 이어져야 한다.

다시 말해, 닛사의 그레고리가 『모세의 생애』를 저술한 목적은 단지 역사적 모세를 구현하여 문자 그대로 독회 하는 것에 있지 않고 그 인물이 보여준 고결한 삶을 본보기(모범) 삼아 우리 신앙인들도 그렇게 살아야 한다는 것을 사색하고 더 깊이 성찰하며 실천하게 하는 것에 있다.

그렇다면, 이러한 목적 아래 그가 쓴 『모세의 생애』를 통해 오늘날 우리 신앙인들은 무엇을 본받을 수 있을까?

2. 인간의 어둠을 넘어 하나님의 어둠 속으로!

앞서 언급했듯이 『모세의 생애』는 두 권의 책으로 구성되어 있다. 먼저 1권에는 성경에 기록된 모세의 전기가 문자 그대로 기술되어 있다. 그리고 2권에서는 모세의 생애에서 일어난 39가지 개별 사건의 영적 의미를 제시한다. 따라서 각 사건과 관련된 영적 의미는 사건의 수만큼 다양하다. 그러나 이러한 다양한 의미의 층위를 관통하는 영성은 다음 한 가지로 요약할 수 있다. '하나님의 어둠 속으로 더 깊이 들어가라.'

기독교 영성 문헌에서 '어둠'으로 번역되는 헬라어 단어가 두 개 있다. 하나는 '스코토스'(σκότος)이고 다른 하나는 '그노포스'(γνόφος)이다. 전자는 '결핍'을 상징한다. 그리고 욥기 12장 25절, 시편 74편 20절, 에베소서 4장 18절, 요한일서 1장 5절에서 알 수 있는 것처럼, 선한 판단력의 부족이나 하나님의 부재로 인한 인간 영혼의 죄스러움과 고통스러움을 뜻한다.

반면, 후자는 모든 지식과 이해를 넘어서는 '신성'을 상징한다. 기독교 부정신학의 전형에서 볼 수 있는 '하나님의 초월적 불가해성'(Divine Incomprehensibility, 욥 11:7)을 뜻한다고도 말할 수 있다. 실제로 그노포스(γνόφος)는 고대 알렉산드리아의 유대 철학자 필로(Philo)가 처음 사용한 이래 하나님의 초월성, 불가해성, 불가지성을 묘사한 초대 기독교 교부(특히, 오리겐과 닛사의 그레고리)에 의해, 그리고 중세의 영성가에 의해 광범위하게 사용되었다.

『모세의 생애』를 꿰뚫고 있는 핵심 영성이 바로 이 그노포스(γνόφος)의 '어둠'과 관련이 있다. 보다 정확히 말하면, 우리의 영혼을 파괴하고 옭아매는 온갖 '정념'과 '인간적 오류'와 '물질'의 암흑인 스코토스(σκότος)를 멀리하고 우리의 육신(감각)의 눈으로는 도저히 종잡을 수 없는 하나님께로, 즉 우리의 연약한 영혼이 성화(聖化)하여 더욱 가까이 다가가면 갈수록 점점 더 깊고 칠흑 같은 어둠으로 짙어져 가는 신성의 그노포스(γνόφος) 속으로 들어가라는 것이 바로『모세의 생애』를 통해 닛사의 그레고리가 우리에게 가르쳐주고자 한 기독교 영성의 한 모델이다.

닛사의 그레고리는 인간의 영혼이 하나님께로 더 가까이 나아감에 있어서 세 가지 특정 시기를 겪는다고 가르친다. '빛'(φῶς)의 시기, '구름'(νεφέλη)의 시기, '어둠'(γνόφος)의 시기가 바로 그 '것'인데, 이 세 가지 특정 시기는 모세의 삶을 우리가 알레고리적으로 해석할 때 더욱 분명해진다 (『모세의 생애』, II.152-67; 219-55).

우선 첫 번째 시기는 모세가 마주한 '불타는 떨기나무' 앞에서 일어난다(출 3:2-4). 소위 '빛'의 시기로도 불리는 이 첫 번째 순간에 모세는 하나님의 모습이 기이한 불의 형상으로 드러나고 있음을 '감각'한다. 이어서 두 번째 시기가 시내산 위에 오른 모세 앞에 펼쳐진다. 모세는 시내산의 빽빽한 구름 사이로 먼 발치에 서 계신 하나님을 마주한다(출 24:15-16).

여기서 인간 모세는 자신의 오관이나 지능을 통해 감지하고 또 감각할 수 있는 모든 가능성이 빽빽한 구름의 장벽으로 인해 말소(抹消)되고 있음을 겪는다. 그래서 소위 '구름'의 시기로 불리는 이 두 번째 순간에 모세는 하나님께 '얼굴을 맞대고 하나님을 뵙고 싶다'고 간청한다(출 33:11, 18). 결국, 세 번째 시기인 '어둠'이 모세 앞에 펼쳐진다. 하나님은 모세를 바위굴에 집어넣으신다. 그리고 바위굴의 어둠이 자욱한 곳 사이를 지나시면서 당신의 '등'을 모세에게 보여주신다(출 24:15-16; 33:18-23).

과연 모세가 어둠 속에서 본 것은 무엇이었을까?
정녕 하나님이었을까?
아니, 하나님의 등을 모세가 보긴 한 것일까?

왜 하나님은 하나님께로 더욱 가까이 나아오는 모세를 빛이 아니라 구름 저 편에 두시고 더 나아가 바위굴의 어둠 깊숙한 곳까지 밀어 넣으신 것일까?

닛사의 그레고리는 이렇게 말한다.

> 거룩한 말씀의 증언을 통한 가르침을 굳게 믿어라 … 거룩한 말씀이 보호하는 것은 바로 사람들이 하나님을 그들이 아는 것 중 어느 것과 동일시하지 않도록 하는 것이다. 이를 통해 배울 수 있는 것은 신적 본성을 알기 위해 노력하는 과정에서 이해력을 통해 형성된 모든 개념은 오직 하나님의 '상'(image)을 만들 뿐 결코 이에 대한 진실한 이해에 이르게 하지 않는다는 사실이다(『모세의 생애』, II.165).

감각적이고 물질적인 것들로 넘쳐나는 요즘, 참된 신앙생활을 영위하기란 참으로 어렵고 힘들다. 우리 안에 있는 영적인 갈증이 날로 더 심해지는 것도 문제지만 저마다 자신의 오관이나 지능을 통해 하나님에 대한 자기만의 '상'(image)을 가지고 있는 것만큼이나 더 큰 문제도 없다. 그런데 닛사의 그레고리는 우리가 신앙생활을 통해 겹겹이 쌓아온 저마다의 '상'(image)을 버려야 한다고 조언한다. 이는 신앙의 길은 우상의 길이 아닌 어두운 밤길과도 같기 때문이다.

사실 기독교 신앙에 처음 입문하면, 눈에 보이는 것이 전부인 것만 같은 시기를 보내게 된다. 이 시기에는 무언가 손에 잡혀야만 은혜 체험인 것 같고, 가슴이 뜨겁고 눈물을 흘려야만 성령 충만인 것 같다. 하지만 이 감각적인 신앙의 표본인 도마 사도에게 예수님은 이렇게 말씀하신다.

> 너는 나를 보았기 때문에 믿느냐? 나를 보지 않고도 믿는 사람은 복이 있다(요 20:29).

즉, 신앙의 길에는 내 눈에 보이지 않고 내 손으로 만질 수 없는 것들이 있다는 뜻이다. 아니, 이제는 그러한 감각에 근거한 신앙을 끝내야 할 때가 왔다는 것이다. 무엇보다 위대한 복음사가이며, 이같이 계시적(啓示的) 어둠을 뚫고 들어갔던 애지자(愛智者) 요한은 말하기를, '일찍이 하나님을 본 사람은 아무도 없다'(요 1:18)라고 했다.

그러므로 눈에 보이는 것, 손에 잡히는 것만 따라가며 기이한 현상이나 징조를 좇는 것이 기독교 신앙의 전부라고 생각한 사람이 있다면, 잠시 이를 뒤로하고 닛사의 그레고리의 『모세의 생애』를 만나 보기를 권한다.

『모세의 생애』는 우리가 직접 체험할 수 있는 방식으로 다가오는 것만이 하나님 체험의 모든 것이 아니라고 가르친다. 그리고 지금, 이 순간 비록 감각으로 느낄 수 없다 할지라도 내 손이 빚은 하나님 '상'(image)에 충족되지 말고, 그 대신 거룩한 어둠(그노포스)에서 우리의 모든 어둠(스코토스)을 삼키는 분의 품 안으로 밀려 들어가라고 권고한다.

그러면 비로소 내 길이 아닌 하나님의 '보이지 않는' 길을 '보게' 되는데, 이 불가해한 길은 칠흑 같은 그노포스(γνόφος)에 휩싸여 있다. 따라서 그 길 위에서 우리가 어림잡아 볼 수 있는 것은 오직 하나, 곧 하나님의 '등'뿐이라고 『모세의 생애』는 가르친다.

다시 말해, 누군가 하나님을 만나고, 하나님을 체험하고, 하나님께로 나아가되 더 가까이 나아가고자 하는 자는 하나님의 얼굴 앞에 멈추어 '서지' 말고 하나님의 등을 바라보며 보이지 않는 이 길을 계속 '순례'해야만 하는 '에펙타시스'(ἐπεκτασεις, '따라 나아간다').

즉, 닛사의 그레고리가 빌립보서 3장 13절의 '앞에 있는 것을 향하여'라는 구절의 그리스어 '에펙테이노마이'(ἐπεκτείνομαι)에 착안하여 『모세의 생애』 II.225에서 사용한 이 말의 영성을 배워야 한다.

이는 마치 좁고 험난한 길을 따라 순례를 떠나는 순례자가 앞서 걷는 가이드의 등만 볼 수 있는 것과 같은 이치의 영성이다. 순례자는 반드시 가이드의 등을 보고 걸어야 한다. 만일 가이드의 얼굴을 보기 위해 저편에서 이편으로 걷거나 가이드가 제시하지 않는 길을 표지(標誌)삼아 제 것인 양 붙잡는다면, 필시 그 영혼은 잘못된 방향으로 걷고 있는 것이다.

그러므로 당신이 순례 중이거나 거룩한 어둠을 통과하는 이 이해할 수 없는 길을 따라 순례를 할 계획이라면, 그리고 그것이 기독교 영성의 모델이라고 진정으로 믿는다면, 닛사의 그레고리를 기억하라. 하나님의 어둠 속으로 더 깊이 들어가라. 그리고 그 거룩한 어둠 안에서 마음을 깨끗이 하라 (마 5:8).

오직 마음의 눈과 귀가 밝은 사람만이 우리보다 앞서가는 분의 보이지 않는 등을 보고, 그분의 들리지 않는 음성을 들으며 마침내 제 방향으로 순례할 수 있기 때문이다 (『모세의 생애』, II.169 참조).

> 정신은 오관이 감지하는 것이나 지능이 알았다고 여기는 모든 징후를 그대로 내버려 둔 채 더욱 내심 속으로 잠깁니다. 온갖 노력을 기울여 '보이지 않는 분', '깨달을 수 없는 분'에게 다가가며, 바로 거기서 하나님을 뵙게 됩니다. 사실 정신이 찾고자 하는 그분에 대한 인식이나 정신이 지닐 수 있는 참된 시각은 '그분은 보이지 않는 분이시라는 것'을 바라보는 데 있습니다.

정신이 찾고 있는 그분은 모든 인식을 초월하여 마치 어둠 속에 있듯이, 그분의 불이해성을 통해 모든 것과 분리되어 계시기 때문입니다. 그래서 빛나는 어둠 속으로 스며들었던 신비가 요한은, 이러한 부정을 통해 하나님의 본질에 대한 인식은 인간뿐만 아니라 지적 본성을 지닌 모든 존재에게 다가설 수 없음을 정의하며 '일찍이 하나님을 본 사람은 없다'(요 1:18)고 말합니다(닛사의 그레고리, 『모세의 생애』, II.162-3).

4

폰투스의 에바그리우스(c.345-399)의 『안티레티코스』

 늘상 성경은 기독교 영성의 중추였다. 특히 사막 교부 시대의 압바(Abba)와 암마(Amma)는 영성을 하나님과의 교제요 하나님과 함께하는 체험이라고 믿었고, 성경을 그러한 교제와 체험을 가능하게 하는 근본적인 방법 중 하나로 보았다. 현대 기독교인들이 하나님과의 교제를 하기 원한다면, 무엇보다 더 깊고 오래된 지혜를 통해 참된 영성을 추구하고자 한다면 성경으로 돌아가야 한다.

 광야에서 수도사들에게 '길'이 된 성경, 하나님과의 더 깊은 교제를 견인한 '기록된 음성'인 성경을 향해 또 다시 걸어 들어가야 한다. 그리고 이는 에피파니우스(Epiphanius)와 같은 압바(Abba)가 영적 훈련의 목적으로 수도원에 새로 온 자들에게 즉시 성경을 읽는 법을 배우라고 조언한 이유를 설명한다.

> 성경에 대한 무지는 절벽이요 깊은 심연이다(Epiphanius, 11).[1]

만일 우리의 영성이 성경을 읽음으로써 형성된다는 것이 사실이라면, 우리는 수년에 걸쳐 읽고 배운 성경의 느리지만 지속적인 힘을 믿어야 한다. 잠시 그 힘을 굳게 믿은 사막의 수도사 포이멘(Poemen)의 말을 들어보자.

> 본디 물의 본성은 부드럽고, 돌의 본성은 단단하다. 하지만 만일 누군가 돌 위에 병을 매달아 놓고 그 물을 한 방울씩 떨어뜨리면, 그 돌은 닳아 없어지게 된다. 하나님의 말씀도 이와 같다. 하나님의 말씀은 부드럽고 우리의 마음은 돌처럼 단단하다. 하지만 하나님의 말씀을 자주 읽고 듣는 자는 그 돌 같은 마음이 닳아 없어지고 하나님을 두려워하는 경외감으로 열리게 된다(Poemen, 183).[2]

고대 수도사들뿐만 아니라 오늘날 현대 기독교인들에게도 하나님의 말씀으로 영성을 형성하는 과정은 우리의 의

---

1 Epiphanius 11, from *The Sayings of the Desert Fathers: The Alphabetical Collection*, trans. Benedicta Ward, CS 59 (London and Oxford: A. R. Mowbray, 1981), 58.
2 Poemen 183, from *The Sayings of the Desert Fathers: The Alphabetical Collection*, trans. Benedicta Ward, CS 59 (London and Oxford: A. R. Mowbray, 1981), 192-3.

식적인 노력이 아니라 날마다 성경에 몰입하여 하나님의 말씀이 마침내 우리의 형상이 되는 것이라고 할 수 있다. 즉, 성경의 언어가 우리의 언어가 되고, 성경의 행위가 결국 우리에게 친숙하고 자연스럽게 되는 것이 영성 훈련의 기초요 기본이다.

그런 의미에서 나(필자)는 성경을 통해 참된 영성을 추구하고 또 계속해서 실천하고 있는 오늘날의 현대 기독교인들에게 폰투스의 에바그리우스를 그리고 그가 390년경에 작성한 기독교 영성 길라잡이 『안티레티코스』를 소개하고자 한다.

1. 에바그리우스의 생애

초기 수도사 가운데 '심리학자' 혹은 '사막의 철학자'로 불린 에바그리우스는 354년경 흑해 연안 폰투스(Pontus)에서 태어났다. 그는 바질에 의해 성경 봉독자로 안수를 받았고, 그런 다음 나지안주스의 그레고리에 의해 부제로 성임(聖任)되었다. 그런가하면 381년에는 카파도키아 교부들과 함께 콘스탄티노플 공의회에 참석하여 삼위일체 교리 형성에 기여했고, 그곳 주교의 강력한 요청으로 콘스탄티노플에 머물면서 아리우스 파당과의 남은 전쟁을 치렀다.

그러나 유능한 신학자요 전도유망한 사제로서의 그의 삶은 개인적인 위기, 즉 콘스탄티노플의 한 고위 관리의 아내와 위험한 로맨스를 갖게 되면서 극적인 전환점을 맞이하게 된다.

처음에 그는 예루살렘으로 도망했다. 우선 모든 것을 버렸고, 예루살렘 인근의 수도원으로 들어가 그곳의 수도원장인 멜라니아(Melania)와 신학자 루피누스(Rufinus)를 만났다. 그리고 그들(특히 루피누스)로부터 신명기를 제외한 오리겐의 7경(Heptateuch) 강론과 일부 시편 강해를 사사(師事)했다.

또한, 그는 당대의 두 유명한 교부, 알렉산드리아의 마카리우스(Macarius of Alexandria)와 대 마카리우스(Macarius the Great)의 가르침도 전수받는데, 이는 훗날 그가 383년부터 이집트 광야에 정착하여 399년까지 여생을 사막의 수도사로 지내며 『프락티코스』, 『그노스티코스』, 『케팔라이아 그노스티카』 그리고 『안티레티코스』 등을 저술하는데 큰 밑거름이 되었다.

안타깝게도 그가 죽은 후, 정확히는 6세기에 유스티니아누스 황제의 섭정 아래 열린 두 차례의 콘스탄티노플 종교회의(543년과 553년)에서 에바그리우스의 가르침은 오리겐의 10가지 오류와 함께 이단으로 단죄된다.

하지만, 그는 오리겐의 성서 주석을 경모(景慕)한 맹인 수도사 디디무스(Didymus the Blind)와 함께 4세기 기도 신학과 영성 생활의 본보기를 세웠다. 이는 이레니에 호세(Irénée Hausherr)를 비롯한 밤베르거(John Eudes Bamberger), 귀오몽(Antoine Guillaumont), 번즈(Gabriel Bunge)와 같은 현대 그리스-비잔틴 신비주의 사상 연구자들에 의해 새롭게-보다 정확히는 기독교 영성과 신비주의 역사에서 가장 중요한 4세기 모델 중 하나로-재평가되고 있다.

2. 『안티레티코스』의 구조와 의도

『안티레티코스』는 에바그리우스의 대표작 중 하나로 구조가 매우 단순하다. 먼저 긴 서론이 있고, 우리의 영적 삶을 방해하는 내면의 힘이나 소음, 또는 그것들을 일으키는 여덟 가지 악한 생각에 대한 여덟 가지 담론이 이어진다. 그리고 각 담론에는 구약과 신약의 짧은 인용문으로 구성된 43-76개의 반박(ἀντίρρησις)이 포함되어 있다.

다시 말해서, 우리가 하나님의 사랑의 임재 안에서 하나님과 교제하며 기도하거나 시간을 보낼 때, 에바그리우스는 우리의 생각을 산만하게 하고 영적 수행을 어지럽히는 것들로부터 벗어날 방법(길)을 성경 읽기에서 찾는다.

에바그리우스가 설명한 여덟 가지 악한 생각의 유형을 순서대로 나열하면 이렇다. 영성수련을 할 때 가장 먼저 만나는 내면의 적이다.

(1) '탐식'이다.
(2) '음욕'이다.
(3) '탐욕'이 그 뒤를 잇는다.
(4) '슬픔'이다.
(5) '분노'이다.
(6) '아케디아'다.
(7) '헛된 영광'이다.
(8) '교만'이다.

앞의 세 가지는 육신을 가진 모든 존재의 기본적인 욕망이지만, 특히 성도들이 거룩한 삶을 살려고 노력하는 상황에서 그들을 괴롭히는 세력으로 증폭된다.

다음으로 오는 것은 '슬픔'이다. 이것은 앞선 세 가지 욕망을 충족시키지 못하는 데서 오는 좌절감이나 무력감과 밀접한 관련이 있다. 그리고 많은 경우에 그것은 우리가 가지고 있지 않은 것을 가진 다른 사람들과 우리 자신을 비교하는 데서 온다. 그래서 '슬픔'이라는 동전의 이면에는 시기나 질투가 있다.

그 다음은 '분노'가 온다. 원하는 대로 욕망을 채울 수 없을 때 슬픔의 시간이 지나면 분노가 커질 수밖에 없다.

그 뒤로는 저 유명한 '아케디아'다. 현대어로 번역하기가 사실상 불가능한 이 단어는 권태, 절망, 무기력, 우울 등 모든 심리적 위기 상태를 포함하며 영적 여정에 들어선 이들을 자살로 이끌 수 있는 치명적인 힘을 가지고 있다.

다음에 오는 것은 '헛된 영광'이다. 이것은 자신의 역할이나 기능이 자기 자신에게 있다고 믿게 하고, 타인의 인정과 긍정적 평가에 집요하게 집착하며, 항상 좋은 인상으로 각인되기를 열망하게 한다.

마지막은 '교만'으로서, 자신을 모든 사람 위에, 그리고 온 세상의 중심에 놓는다. 그래서 항상 다른 사람들을 조종하거나 지시하고 또 가르쳐야만 직성이 풀리며, 이는 영적인 삶을 위한 신자의 최종적인 투쟁을 하나님의 자리를 두고 다투는 것으로 귀결시킨다.

『안티레티코스』는 에바그리우스가 창세기부터 요한계시록까지의 성경 말씀을 요약한 뒤, 이를 가리켜 상기에 표시된 여덟 가지 악한 생각과 맞서 싸울 말씀의 검, 즉 '최종병기'라고 소개한 책이다. 약 1,600년 전에 쓰여진 이 책은 비록 켈리아 사막 수도사들의 영적인 삶을 위해 쓰였지만, 악한 생각을 대적하는 길은 오직 하나님의 말씀인 성경을 읽는 것에서부터 시작된다고 믿는 사람들에게 만큼은 그들의 나이, 언어, 환경, 생활, 사고방식을 뛰어 넘어 그 울림이 여전히 유효하다고 할 것이다.

3. 여덟 가지 악념(惡念)에 맞선 여덟 가지 성경 말씀

> 내 영혼아, 네가 어찌하여 그렇게 낙심하며, 어찌하여 그렇게 괴로워하느냐? 너는 하나님을 기다려라. 이제 내가, 나의 구원자, 나의 하나님을, 또다시 찬양하련다(시 42:5).

우리는 우리 안에 미덥지 못하고 연약한 면이 있다는 것을 잘 안다. 하지만 그럴 때마다 우리 영혼을 치유하는 말씀, 곧 성경을 찾고 읽는 것이 중요하다.

예수님도 광야에서 마귀에게 시험을 받으셨다. 세상 사람들에게 당신의 권세와 영광을 드러내 보라고 하는 악한 생각의 유혹이요, 성경의 참뜻을 비틀고 구겨버리는 더러운 말이었다. 그러나 예수님은 마귀의 악한 말과 유혹과 헛되고 악한 생각을 성경 말씀 한 마디로 대적하셨다. 성경, 그 한마디 말씀에 마귀가 저만치 나가 떨어지고 말았다.

유혹이란 것은 항상 우리 곁에 있다. 우리 영혼을 괴롭히는 악한 생각이 우는 사자와 같이 두루 다니며 삼킬 자를 찾는다.

예수님도 예외가 아니었는데, 우리라고 별 수 있겠는가?

결국, 우리는 우리 안에 망측한 생각, 부끄러운 생각이 언제나 일어날 수 있다는 것을 결코 간과해서는 안된다. 이 고약한 생각들 앞에 신앙의 연수를 내세워서도, 또 교만해서도 안된다.

오히려 성경 속에서 하나님을 찾는 겸손이 우리에게 필요하다. 우리 안에 일어나는 혼란스러운 생각을 치유하는데 딱 들어맞는 말씀, 곧 '최종 병기'를 선물로 주시는 하나님을 찾고, 듣고, 읽고, 붙잡고, 잡아서, 아뢰야 한다. 그러면 그분의 말씀(음성)이 우리 삶에 들어와 우리를 혼란스럽게 하는 모든 생각으로부터 우리를 자유롭게 하실 것이다.

『안티레티코스』에서 에바그리우스가 제안하는 것은 다른 것이 아니다. 하나님의 말씀인 성경이 우리를 유혹과 나쁜 생각, 정말 더럽고 부끄럽고 민망하며 고약한 생각에서 어떻게 자유케 하는지 실례를 들어주는 책이다. 나(필자)는 이 책에 기록된 옛 방식들이 당신의 생각이나 감정을 다룰 때마다 좋은 치료제가 되고, 하나님의 말씀을 생각나게 하는 좋은 동반자가 되기를 소망한다.

이런저런 나쁜 생각이 있다고 무조건 자책하려 하지 말고, 그 생각을 평가한다고 오만하게 굴지도 말자. 그저, 용기와 신뢰를 간직한 채 에바그리우스가 권하는 말(scripture)

로 그 생각을 직시하고 맞서자. 그러면 당신의 나쁜 생각을 시나브로 변하게 하실 그분의 거룩하고 따뜻한 손길을 경험하게 될 줄로 믿는다.

이 짧은 지면에 에바그리우스가 예시한 8가지 악념(惡念)의 구체적인 사례들을 모두 포함하는 것은 불가능하다. 당연히 각 사례에 맞서 그가 성경에서 채택한 모든 반박(ἀντίρρησις)도 다 기록할 수 없다. 참고로 그것은 492개, 시리아어 주(註)를 참조하면 497개나 된다. 그러므로 『안티레티코스』의 풍부하고 다채로운 가르침을 아래와 같이 선별하여 맞세운 여덟 꼭지의 성경 말씀으로 대체할 수밖에 없음을 미리 밝힌다.

첫째, '탐식'의 사례 중, '우리가 우리 손으로 일하지 못하게 하고 필요한 것을 다른 이들에게 받도록 유혹하고 기대하는 생각'에 맞서 주님은 데살로니가전서 4장 10-12절에 이렇게 말씀하신다.

> 형제 여러분!
> 여러분에게 권고합니다. 더욱더 그렇게 하고, 우리가 여러분에게 지시한 대로, 조용히 살도록 힘쓰며 자기 일에 전념하고 자기 손으로 제 일을 하십시오. 그러면 바깥 사람들에게 품위 있게 처신할 수 있고 아무에게 신세를 지는

일이 없을 것입니다(『안티레티코스』I, 63).

둘째, '음욕'의 사례 중, '밤낮으로 음욕에 괴로워하면서 이를 극복할 희망을 저버리는 영혼'에게 주님은 신명기 7장 17-18절에서 이렇게 말씀하신다.

'이 민족들이 우리보다 수가 많은데, 우리가 어떻게 그들을 내쫓을 수 있겠는가?'
이런 생각이 들더라도, 너희는 그들을 두려워하지 말고, 주 너희 하나님께서 파라오와 온 이집트에서 하신 일을 똑똑히 기억하여라(『안티레티코스』II, 8).

셋째, '탐욕'의 사례 중, '탐욕 때문에 좀처럼 동정심으로 나아가지 못하는 영혼'에게 주님은 잠언 3장 3-4절에서 이렇게 말씀하신다.

자애와 진실이 너를 떠나지 않도록 하여라. 그것들을 네 목에 묶고 네 마음 속에 새겨 두어라. 그러면 네가 하나님과 사람 앞에서 호의와 호평을 받으리라(『안티레티코스』III, 27).

넷째, '슬픔'의 사례 중, '과거의 죄들을 들춰내 보여주고 내 안에 슬픔을 불러일으키면서 영혼을 공격하는 악령'

에 맞서 주님은 미가서 7장 8절에서 이렇게 말씀하신다.

> 내 원수야, 나를 두고 기뻐하지 마라. 나는 넘어져도 다시 일어나고 어둠 속에 앉아 있어도 주님께서 나의 빛이 되어 주신다(『안티레티코스』 IV, 55).

다섯째, '분노'의 사례 중, '정신이 분노하도록 생각들로 정신을 자극하면서 분노의 길을 걷는 영혼'에게 주님은 잠언 12장 28절에서 이렇게 말씀하신다.

> 의로움의 길에는 생명이 있지만 분노를 간직하는 이들의 행로는 죽음에 이른다(『안티레티코스』 V, 21).

여섯째, '아케디아'의 사례 중, '아케디아에 빠졌을 때 형제들에게 얼른 가서 위로를 받고 싶다는 유혹'에 맞서 주님은 시편 76편 3-4절에서 이렇게 말씀하신다.

> 내 영혼은 위로도 마다하네. 하나님을 생각하니 즐거워지네. 내가 이 말을 하니 내 얼이 아뜩해지네(『안티레티코스』 VI, 24).

일곱째, '헛된 영광'의 사례 중, '영혼의 구원이나 진리의 인식에 이르기도 전에 가르치기부터 하라고 권유하는 헛된 영광의 생각'에 맞서 주님은 야고보서 3장 1-2절에서 이렇게 말씀하신다.

> 나의 형제 여러분!
> 많은 사람이 교사가 되려고 하지는 마십시오. 여러분도 알다시피, 우리는 엄한 심판을 받을 것입니다. 우리는 모두 많은 실수를 저지릅니다. 누가 말을 하면서 실수를 저지르지 않으면, 그는 자기의 온 몸을 다스릴 수 있는 완전한 사람입니다(『안티레티코스』 VII, 41).

여덟째, '교만'의 사례 중, '기도의 힘으로 더는 탐식의 노예가 아닐 뿐 더러 분노도 극복했다고 말하는 교만한 영혼'에게 주님은 고린도전서 15장 10절에서 이렇게 말씀하신다.

> 하나님의 은총으로 지금의 내가 되었습니다(『안티레티코스』 VIII, 55).

이제 내 입을 열어(시편 119:131; 엡 6:19) 하나님과 그분의 거룩한 천사들과 시험을 받은 내 영혼에게 말하려고 노력하면서 우리 주 예수 그리스도의 권능으로(고전 5:4) 내가 수도승생활에 관한 이 책의 서두에서 연속적으로 열거했던 탐식의 악령, 그리고 여기서부터 시작하여 다른 일곱 가지 악령에 맞서 싸울 때다. 그리고 나는 성령께서 시편을 통해서 다윗에게 가르쳐 주셨고, 우리의 복된 교부들도 우리에게 전해주었던 수도승생활의 온갖 싸움을 공개적으로 설명할 것이다.

내가 이 책에서 언급하는 이 [싸움]은 우리에게는 여덟 가지 악령들 각각이 우리 안에 일으킨 생각들과 전투가 될 것이다. 그러나 그 생각들 각각에 맞서 성경으로부터 그것을 쳐부술 수 있는 하나의 반론을 썼다(폰투스의 에바그리우스, 『안티레티코스』, 머리말, 8-9).

5

아우구스티누스(c.354-c.430)의 『고백록』

프랑스 극사실주의 화가 귀스타브 쿠르베(Gustave Courbet)의 작품 중에 『절망에 빠진 남자』가 있다. 이 작품에 등장하는 인간의 얼굴을 보고 있으면 그로부터 흘러나오는 다양한 감정에 고뇌하게 된다.

이 사람은 왜 그런 표정을 짓고 있을까?
전혀 예상치 못한 일이 벌어졌기 때문일까?
아니면 평생 지켜온 신념이 이제 아무것도 아닌 것으로 드러났기 때문일까?
아니면 오랫동안 고민해 왔던 질문이 결국 답을 얻지 못했기 때문일까?

쿠르베의 작품 속 남자의 얼굴을 보고 있으면 이처럼 다양한 인상을 받을 수 있다.

누구나 인생의 언덕을 넘을 때 위기를 만난다. 괴로워하고, 절망하고, 다시 일어나고 넘어지고를 반복한다.

그렇다!

쿠르베의 작품 속 남성의 얼굴은 끝없는 위기와 고통, 절망의 멍에를 쉽사리 벗어던지지 못하는 현대인의 자화상을 모사(模寫)하고 있다.

그래서일까?

'최초의 현대인'이라 불리는 아우구스티누스의 삶을 스케치하고 소개하는 데 있어서 쿠르베의 <절망에 빠진 남자>보다 더 적절한 이미지를 고르는 것은 불가능해 보인다.

아우구스티누스는 어린 시절부터 다 자란 성인이 되기까지 숱한 역경을 마주하고 살았다. 10대 시절에는 아버지를 잃었고, 20대 시절에는 고향 타가스테(Tagaste)에서 죽마고우(竹馬古友)의 죽음을 속절없이 지켜보았다. 그런가 하면 사랑하는 약혼자와 가슴 아픈 생이별을 하기도 했고, 그녀와 사이에 낳은 아들 아데오다토스(Adeodatus)를 가슴에 묻는 단장(斷腸)의 비고(卑高)를 겪기도 했다.

그러나 그는 그 모든 순간에 단지 절망하지 않았다. 아니, 쿠르베의 『절망에 빠진 남자』처럼 굴복하지 않았다!

오히려 그 절망의 의미를 하나씩 곱씹으며 한 줄기 빛이 오기만을 찾고 또 찾았다. 그리고 마침내 그 빛이 찾아왔을 때, 그는 그것이 하나님의 은총이 꽃피운 믿음과 사랑임을 깨달았다. 그리고 이를 그의 저 유명한 책 『고백록』에 담았다.

아우구스티누스의 『고백록』은 국내에서만 무려 40회나 번역되었고, 그 영향력은 과거나 현재나 서구 기독교 영성의 고전 중 하나로 손꼽힐 만큼 크다. 실제로 이 책은 『사목 지침서』의 저자 그레고리 대제(Gregorius)를 비롯해 카를 대제를 도운 앨퀸(Alcuin), '이성과 신앙의 조화'라는 명제를 내건 캔터베리의 안셀무스(Anselm of Canterbury), 『명제집』으로 유명한 페트루스 롬바르두스(Petrus Lombardus)와 같은 위대한 사상가들에게 영감을 주었다.

또한, 보나벤투라(Bonaventura)와 둔스 스코투스(Duns Scotus)와 같은 프란치스코회 학자들의 사상적 원천이 되었으며 비교적 최근에는 프랑스 철학자 시몬 베유(Simone Weil)와 독일의 정치 철학자 한나 아렌트(Hannah Arendt)의 글의 초석이 되었다. 특히, 베유의 대표작 『중력과 은총』은 근대 후기 서민들이 당시의 경제 문명에 절망하거나 비인간적인 폭력에 휘말리지 않고 은총의 빛으로 나올 수 있도록 도와준 작품으로 잘 알려져 있다.

1. 기독교 최고의 스승, 아우구스티누스

아우구스티누스는 기독교를 공식적으로 인정하고 모든 사람이 종교의 자유를 누릴 수 있도록 한 이른바 '밀라노 칙령'(313)이 공포된 후에 태어났다. 당시 기독교인들은 로마의 박해가 끝나면 모든 것이 유토피아처럼 해결되리라 생각했다. 그러나 실제로는 그렇지 않았다. 기독교 외부의 박해가 그치자 기독교 내부의 갈등이 일어났다.

특히, '안디옥 학파'와 '알렉산드리아 학파' 간의 싸움이 본격화되었는데, 이들은 주로 '헬레니즘에 입각한 로마 제국을 기독교화(Christianize)할 것인가,' 아니면 '그리스-로마 문화에서 태동한 기독교를 헬레니즘화(Hellenize)할 것인가'를 놓고 끊임없이 다퉜다.

'불합리하기 때문에 나는 믿는다'(Credo quia absurdum)는 명제를 내세운 테르툴리아누스(Tertullianus)는 '안디옥 학파'를 대표하는 신학자 중 한 명이다. 그는 기독교의 진리가 본래 역설적이라고 주장하며 '믿음의 순결', 즉 '신앙의 순수성'을 기독교 신앙의 가장 중요한 본질로 보았다.

반면에 그리스-로마 문화가 발달한 알렉산드리아에 본거지를 둔 '알렉산드리아 학파'는 '신앙뿐만 아니라 이성도 신이 주신 것이라면 이 둘이 왜 충돌해야 하냐며 화해의 방향으로 나아가자'고 주장했다.

그리고 기독교 변증(辨證)과 호교(護敎) 활동을 통해 기독교 진리-복음의 선교적 지평을 넓히는 데 힘썼다. 따라서 알렉산드리아 학파는 소수의 기독교인을 종교 엘리트로 모으기보다 기독교 신앙을 세계 여러 언어로 표현하는 데 더 몰두했다.

그 결과 초기 기독교인의 신앙의 형태와 성장에 큰 변화가 찾아왔고, 그 변화의 긴장과 소용돌이 속에서 아우구스티누스의 신학과 사상이 형성되었다.

기독교 내부의 갈등 문제 외에 아우구스티누스의 삶에 중대한 영향을 미친 또 다른 요인은 부모의 가치관의 차이였다. 잘 알려진 바와 같이 아우구스티누스는 어머니 모니카(Monica)의 영향을 많이 받았다. 베르베르인(Berber) 혈통인 그녀는 종종 아들에게 꿈과 환상에 관한 이야기를 들려주었고 바르게 살 것을 가르쳤다. 그리고 무엇보다 간절한 믿음과 예배 생활로 온전한 신자의 모습을 갖추라고 교육했다.

하지만 아버지 파트리치우스(Patricius)의 교육 방식은 달랐다. 당시 로마의 하급 관리였던 그는 아들에게 로마인임을 자랑스럽게 여기라고 했다. 그리고 아들의 세속적인 성공을 위해 수사학을 기반으로 한 웅변술과 법학의 중요성을 일깨웠고, 일찍이 타가스테(Tagaste)에서 마다우라(Madaura)로, 더 나아가 카르타고(Carthago)로 유학을 보내

공부하게 했다.

세속 교육에 대한 아버지의 열정 덕분에 그는 훗날 큰 성공을 거두었다. 황실 대변인을 역임했으며 황실 수사학 학교의 교사로도 재직했다. 여러 로마 귀족을 가르치며 황제의 질서와 대의를 선전하고 막대한 부를 축적했다. 명예가 뒤따랐고 권력도 장악했다. 그러나 이 모든 것을 유지하기 위해 대가를 치러야 했다. 온갖 거짓과 유언비어(流言蜚語)를 통해 황실의 만행을 은폐해야 했다.

눈먼 모정(母情)에 이끌려 정부(貞婦)를 버리고 귀족 가문의 열 살 된 딸과 약혼해야 하기도 했다. 술과 여색에 빠졌고, 마니교에 심취해 자신이 저지른 악행은 모두 악신의 책임이라고 떠벌렸다. 그리고 종종 밤이 되면 자신의 성공 뒤에 숨은 거짓과 정욕이 낳은 죄의식을 느끼며 밀라노의 거리를 배회했다.

그러던 어느 날, 아우구스티누스는 한 거지의 노래에 이끌려 성경을 읽었다. '밤이 깊고, 낮이 가까이 왔습니다. 그러므로 우리는 어둠의 행실을 벗어버리고, 빛의 갑옷을 입읍시다. 낮에 행동하듯이, 단정하게 행합시다. 호사한 연회와 술취함, 음행과 방탕, 싸움과 시기에 빠지지 맙시다. 주 예수 그리스도로 옷을 입으십시오. 정욕을 채우려고 육신의 일을 꾀하지 마십시오'라는 로마서 13장 12절로 14절의 말씀이었다.

그 후로 그는 계속해서 성경에 매달렸다. 그래서 또 다른 바울서신을 찾아 읽기도 했고, 『안토니의 생애』란 성인(聖人)의 전기(傳記)를 통해 성경의 길, 사도의 길, 신앙의 길을 찾기도 했다. 그런가 하면 또 밀라노의 대주교 암브로시우스(Ambrosius)에게 가서 그의 강론을 듣고 세례를 받았다.

그리고 마침내 이 모든 회개의 과정을 거쳐 그토록 그가 찾아 헤맨 답을 얻는데 성공했다. 그 답은 성경과 사도들이 오래전부터 말씀해 왔던 것으로서, 훗날 아우구스티누스는 이것을 자신의 『고백록』에서 '오직 하나님께만 참된 안식과 회복과 소망의 길이 있다'는 것으로 풀이하여 고백한다.

2. '기억'의 길을 따라 하나님께로!

『고백록』은 총 열세 권으로 되어 있다. 처음 아홉 권의 책은 아우구스티누스가 한창 어머니 모니카의 사랑을 받던 유아 시절부터 어머니의 죽음을 애도하던 세례 교인이 되기까지의 삶을 기록하고 있다. 그리고 마지막 네 권의 책은 신학적으로나 철학적으로 어려운 주제를 다루고 있다. 제10권에서는 '기억'의 문제를, 제11권에서는 '시간과 영원'의 문제를 다룬다. 그리고 마지막으로 제12권과 13권에서는 '창조'와 '악'의 문제를 이해하는 신플라톤주의적

관점을 비판적으로 재고하고, 창세기 1장의 주석에 비추어 기독교적 인간 이해를 소개한다.

이처럼 다양한 주제를 다루는 이 책의 하이라이트는 어디라고 말할 수 있을까?

어떤 이는 아우구스티누스의 가슴 아픈 회개를 담은 8권이라고 할 것이고, 어떤 이는 마니교와 다른 방식으로 악의 문제를 다룬 13권이라고 말할 것이다. 그러나 "기독교 영성의 고전"이라는 이 글의 목적을 생각하면 이 책의 10권을 주목하지 않을 수 없다.

『고백록』 제10권은 '기억'이란 주제를 다루고 있다.[1] 기나긴 방황 끝에 마침내 도착한 목적지, 하나님! 아우구스

---

[1] 아우구스티누스의 '기억'에 관한 사유에는 '시간'에 대한 인간학적 접근이 담겨 있다. 일반적으로 시간을 고려하는 방식에는 크게 두 가지가 있다. 하나는 과거와 현재와 미래가 일정한 간격을 유지하며 앞으로, 또 앞으로 진행되고 있음을 보여주는 '생물학적' 시간이 있고, 다른 하나는 공간 또는 운동에 매여 있는 시간, 즉 정적인 체계 속에서 보다 동적인 체계 속에서 더 느리게 가는 것처럼 보이는 '상대적'(물리-과학적) 시간이 있다. 한데 아우구스티누스는 이러한 두 가지 종류의 일반적인 접근을 따르지 않고, '기억'이란 시간에 몰두한다. 아우구스티누스에게 기억이란, 누구나 일반적으로 생각할 수 있는 것과 별반 다르지 않다. 그에게 있어서도 기억은 과거에 경험한 추억을 현재로 가져오는 시간이고, 미래에 있을 것이라고 예견한 꿈이나 기대를 오늘로 가져오는 시간이다. 다시 말해, 기억은 앞선 생물학적 시간이나 상대적(물리-과학적) 시간과는 전혀 다른 차원의 시간을 갖습니다. 인간이 아닌 다른 생물(동식물)이 경험할 수 없는 시간. 사람이 아닌 수식이나 과학 기호가 표상할 수 없는 시간, 그 독특한 시간, 그 유별난 인간의 시간이 바로 기억이다. 그리고 그 기억이란 차

티누스는 하나님을 향한 자신의 영적 귀로(歸路)를 회상하며 '기억이 이끄는 삶'의 중요성에 관해 설명한다. 드라마에서 단골로 등장하는 '기억 상실증'을 한 예로 떠올리면, 아우구스티누스의 설명을 이해하기 쉽다. '기억 상실증'에 걸린 사람은 자신이 누군지 알기 위해 주위 사람들에게 질문한다. 누군가는 자신의 좋은 점을, 또 다른 누군가는 자신의 나쁜 점을 들려준다.

그렇게 하나 둘 기억의 파편들이 모이고, 마침내 그 기억을 바탕으로 자신이 누구인지 알게 된다. 이것이 아우구스티누스가 기억에 관해 이야기하고 있는 것의 본질이다. 즉, 신의 형상(*imago Dei*)대로 창조된 인간은 자신이 누군지 알기 위해 기억의 파편을 모아야 한다.

원의 시간은 기억의 주체. 즉 기억하는 주체로 하여금 과거나 현재나 미래가 어떠한 경계나 구획이 없이 자신 안에서 통합될 수 있도록 하는 힘을 가지고 있다. 오늘로! 현재로! 지금으로 말이다. 따라서 인간만이 가지고 있는 기억이란 시간은, 아우구스티누스에 따르면, 인간이 '영원'을 이해하고, '부활'을 사유할 수 있게 하는 유일한 초석이다. 무릇 영원하신 분과의 관계 속에 있는 시간이란, 생물학적 시간을 초월한 것임에 틀림이 없을 것이기 때문이다. 부활을 살아간다는 것도 마찬가지다. 그것은 어느 시점? 어느 때? 어느 정도의 속도나 엔트로피? 등을 수식하거나 계산하는 것과는 무관하다. 오히려 그것은 오직 인간이기 때문에 경험할 수 있는 아주 독특한 시간, 수없이 왔다가 다시 사라지기를 반복하는 모든 과거-현재-미래의 순간들을 '한데 모으고' 모두 함께 '무르녹게' 할 수 있는 시간인 기억. 그 기억이란 인간학적 시간만이 설명할 수 있고 경험할 수 있는 신비일 것이라… 나(필자)는 믿는다.

자신의 기억을 하나 둘 모아가며, 아우구스티누스는 자신의 옛 모습을 발견한다. 높은 자리에 앉아 온갖 부와 명예를 누리던 나, 술과 쾌락에 눈이 멀었던 나, 마니교에 힘입어 죄책감에서 손쉽게 벗어날 길을 찾던 나, 기억 속의 '옛 자아'를 찬찬히 바라보며 그는 자신이 어디서, 얼마나, 어떻게 잘못되었는지를 보게 된다.

하지만, 이윽고 자신의 기억 속 오디세이(odisei)가 어머니 모니카로 향할 때 그는 그 절망의 굴레에서 벗어난다. 눈물과 기도로 자신을 키워 주신 어머니, 내가 하나님과 어떤 관계인지, 하나님께 돌아가야 하는지, 하나님 품에 안겨 있는지 분별하는 길잡이가 되어 주신 어머니!

그는 어머니 모니카를 기억하고 그녀의 죽음을 애도하며 신이 창조한 인간의 형상을 보기 시작한다. 그리고 그 형상에서 그 형상의 '원형'이신 하나님을 찾는다.

『고백록』은 마냥 어려운 철학서가 아니다. 기나긴 방황을 끝내고 하나님께로 돌아가는 데 어떤 교리가 중요하고 어떤 실천법이 중요한지를 알려주는 신학서도 아니다. 아마 이 책이 그런 것을 소개했다면 고전의 축에 포함되지 않았을 것이다. 이 책이 기독교 영성의 고전인 이유는 그 독특함 때문이다. 철학도, 교리도, 실천법이나 신학도 아닌 따뜻한 기억, 그 기억으로 되살아나는 신(神)과 신적 형상으로의 영적 귀로(歸路)가 우리의 참된 회개를 이루는 데 얼마나 중요한지를 알려주는 참으로 몇 안 되는 글 중 하나가 바로 『고백록』이다.

이 책이 당신의 따뜻한 기억을 되살리기를 바란다.

일찍이 하나님이 어떤 분이신지 알려주셨던 주일학교 선생님에 대한 기억!
믿음, 사랑, 소망의 본(本)을 자신의 삶으로 실천한 장로님, 권사님, 집사님에 대한 기억!
내 영혼의 방황을 눈물과 기도로 안아 주신 어머니와 아버지에 대한 기억!
내 안에 하나님의 형상이 있음을 믿게 해 주신 전도사님과 목사님에 대한 기억!

이 따뜻한 기억이 당신의 마음에 와닿기를 바란다. 그리고 마침내 그 종착지, 곧 창조주 하나님을 향한 도약이 있기를 가슴 깊이 소망한다. 그 도약에 진정한 회개가 있고, 참된 회복이 있기를. 할렐루야!

> 저희 주 예수 그리스도를 통해서 내리는 당신의 은총이 아니면 누가 이 죽음의 몸에서 이 불쌍한 인간을 구해 주겠습니까? (아우구스티누스, 『고백록』, VII.21, 27).

6

베드로 크리솔로고스(c.380-450)의 『설교』

 오늘날 기독교인들이 금식에 관심이 없는 이유는 무엇일까?
 단순히 제의나 의식을 도외시하는 사회적 풍조 때문일까?

 나(필자)는 그렇게 생각하지 않는다. 대부분의 기독교인이 금식을 외면하는 이유는 인간의 몸에 대한 오해 때문이다. 더 정확하게는 우리 몸이 영성에서 차지하고 있는 역할에 대한 이해가 부족하기 때문이다.
 흔히 기독교 영성이라고 하면, 우리의 영을 위한 훈련이라고 생각하기 쉽다. 정욕에 사로잡힌 몸과의 영적 전쟁! 그것이 기독교 영성의 일부라고 생각하는 뿌리 깊은 경향이 우리 개신교인 사이에 있다. 물론 기독교 전통에는 인간의 육체와 욕망을 적으로 여기는 그룹이 항상 있었다. 인간의 몸을 굴복시켜야 할 대상으로 여겼던 '금욕주의자', 오직 내면의 영혼, 특히 정신만이 중요하다고 생각한 '영지주의자', 그리고 영적 생활과 말씀 묵상, 명상, 사색을 통해 몸과 세상 너머에 있는 것을 추구한 '신비주의자'가 그들이다.

그러나 기독교인의 경전인 성경에서 인간의 몸은 항상 중요한 위치를 차지하고 있다. 일례로 속죄일인 구약의 '욤 키푸르'(Yom Kippur)를 생각해보자!

레위기 23장 27절은 일곱째 달의 10일을 속죄일로 지키라고 명한다. 매년 이날 이스라엘 백성들은 예루살렘에 모여 죄를 뉘우치는데, 이때의 회개는 히브리어로 '스스로를 괴롭게 하다' 또는 '목구멍을 아프게 하다'는 뜻의 '아나'(ענה)라는 몸의 의식(ritual)을 수반한다

이 밖에도 성경은 우리의 몸을 영적인 일에서 배제된 것이 아니라 하나님의 임재에 더 깊이 들어가는 데 없어서는 안 될 관문이라고 설명한다.

(1) 베들레헴 성문 곁의 우물에서 미스바를 향해 물을 길어오는 몸의 수고가 동반된 기도(삼상 7:5-6)라든지,
(2) 옷을 찢고 몸에 재를 뒤집어 쓰는 애통(삼하 13:12-19, 왕상 21:27)이라든지,
(3) 음식과 물을 끊는 몸의 가난으로 영혼을 슬프게 하는 참회(스 10:6)라든지,

(4) 세례를 통해 교회에 입교하거나 회심(개종)을 하기 위해 자발적인 몸의 단식을 하는 행위(행 9:9; 디다케 7:4).

신약의 '프쉬케'(ψυχή)란 용어가 마태복음 6장 25절, 누가복음 9장 24절, 또는 마태복음 20장 28절에서 사용된 용례를 보더라도 마찬가지다. 여기서 프시케는 육체와 분리된 영혼, 즉 육체가 아닌 영혼으로 번역되어 사용되지 않는다.

기본적으로 우리말 성경은 그것을 목숨으로 번역하지만 이때의 용법은 참된 삶을 살아가는 사람의 전 생애, 곧 '한 사람 전체'를 나타낸다. 즉, 이 표현은 성경의 중심 사상인 영과 몸의 유기적인 연합(통일성)을 드러낸다.

하지만 오늘날 대다수의 기독교인들은 몸의 중요성을 간과하고 있다. 가장 아름답고 거룩한 몸의 영성인 금식에 대해 잘 알지 못한다. 그래서 우리는 더 이상 수요일과 금요일에 (혹은 그 중 어느 한 날에) 일상적으로 금식하지 않는다. 안식일을 준비하기 위한 일환으로 토요일에 금식하지 않으며, 세례나 성찬을 받기 전에도 금식하지 않는다.

사순절이나 성금요일이 어떤 날인지 알고 있지만 이 중요한 절기에 '몸으로 기도하는 금식'을 왜 해야 하는지 모른다. 아니 이러한 종교적 의식이나 의무로부터 이미 해방되었기 때문에 무언가를 해야 할 필요나 동기 자체를 느끼지 못한다.

왜 이런 일이 벌어진 것일까?

다시 한번 말하지만 답은 간단하다. 자기 몸을 거룩하고 하나님이 기뻐하시는 산 제물로 드리는 성경적 관습인 금식의 영성이 오늘날 그리스도인의 삶과 영성에서 필요한 신앙 행위로 여겨지고 있지 않기 때문이다.

캐슬린 듀건(Kathleen Dugan)의 말처럼 기독교 신앙의 금식 행위는 창조된 '몸'에 내재된 신성을 깨닫는 영적 도구다.[1] 우리는 이것을 회복해야 한다!

이 도구의 영체(靈體)통합적 특성은 일찍이 약 90년경에 쓰여진 『디다케』를 통해 처음 소개된 이래로 초대 교부들의 영적인 교훈에서 분리되거나 이탈된 적이 없다. 더욱이 4세기에는 사순절의 전례 행위로서 그 영적인 가치가 교회 안에서 합법(공식)화되기까지 했다.

앞으로 하나님께서 주실 참된 기쁨을 기다리는 인내의 몸짓!

영적 감관(感官)을 열어 하나님의 선하심을 맛보기 위해 몸의 감각을 정화하는 자발적 휴지(休止)!

금식은 늘 그렇게 영성과 불가분의 관계로 하나님의 말씀인 성경과 교회의 전례 전통 안에 굳게 자리잡고 있다.

---

[1] Kathleen Dugan, "Fasting for Life: The Place of Fasting in the Christian Tradition," *Journal of the American Academy of Religion* 63(1995): 548.

그래서 동서방 교부를 막론하고 금식에 관한 가르침과 권고가 설교의 형태로 많이 남아 있다.

우선 동방을 대표하는 금식 실천가로는 가이사랴의 바질, 닛사의 그레고리, 콘스탄티노플의 요한 크리소스토무스 등이 있다. 그리고 이어서 서방에는 밀라노의 암브로시우스, 스트리돈의 히에로니무스, 히포의 아우구스티누스, 포티카의 디아도쿠스, 라벤나의 베드로 크리솔로고스 등이 있다.

오늘날 기독교인들은 이들의 설교를 통해 금식에 관해 많은 것을 배울 수 있다. 예를 들면 금식의 시기, 금식의 방법, 금식의 유익을 포함하여 금식에 대한 성경적, 전례적, 신학적 성찰을 얻을 수 있다. 그러나 여기서는 '기독교 영성의 고전'이라는 글의 목적에 따라 그런 이론적이고 기술(방법)적인 측면에 대해서는 각설하고, 그 대신 서방의 금구(金口)라 불리는 베드로 크리솔로고스(Petrus Chrysologus)의 영적인 교훈에 따라 금식이 갖는 참된 의미를 살펴보도록 하겠다.

1. 황금의 입을 가진 서방의 설교자, 베드로 크리솔로고스

기독교 역사에서 금구(金口), 즉 '황금의 입'이라는 별명은 '동방'의 위대한 교회학자인 요한 크리소스토무스에게만 붙어있지 않다. 크리소스토무스와 거의 같은 시기에 '서방'에서 활동한 베드로 크리솔로고스에 동일한 별명이 붙어있다.

약 380년경 이탈리아 북부 아퀼레이아(Aquileia)에서 태어난 크리솔로고스는 433년에 라벤나의 주교로 임명되었다. 그리고 그가 이단자들에 의해 암살되기 전까지 약 17년동안 한편으로는 당시 서방 교회의 질서를 어지럽힌 두 이단 '아리안주의'와 '단성론주의'(특히 에우티케스의 교설)에 대항해 기독교의 진리를 수호했다. 다른 한편으로는 사도신경, 성육신의 신비, 성체성사, 사순절, 참회, 금식 등과 같은 여러 주옥 같은 주제의 설교를 남기며 로마의 복음화에 앞장섰다.

현재 크리솔로고스의 설교는 총 176편이 남아있다. 단순하면서도 명료하고, 간결하면서도 심오한 그의 설교는 지금도 금언(金言)으로 통하는 구절이 많다. '침묵은 금이다', '진실은 항상 이긴다', '겸손은 모든 미덕의 어머니다'가 그 예다. 따라서 '베드로 크리솔로고스'라는 이름 그 자체는 낯설지만, 그의 설교가 담고 있는 가르침은 다양한 신학적, 문학적 자료에서 뛰어난 설교가로서의 그의 명성에 걸맞은 위치를 누리고 있다. 그럼 이제 금식에 관한 그의 설교 13편과 43편을 톺아보자!

2. 가장 아름답고 거룩한 몸의 언어: 금식, 구제, 기도

베드로 크리솔로고스의 설교 13편과 43편에는 금식에 관한 실용적인 가르침이 많다. 한 예로, 크리솔로고스는 음식을 먹는 것이 반드시 '나쁜' 것은 아니라고 말하지만, 우리가 우리 목구멍으로 열망하는 것을 도저히 믿을 수 없기 때문에 레위기 23장 27절의 '아나'(anah) 의식에 따라 '우리 목구멍을 아프게 하는' 금식을 할 필요가 있다고 가르친다.

이 밖에도 그는 금식이 세속적인 집착을 쉽게 포기할 수 있는 수단으로 기능하지 않는 한, 굳이 할 필요가 없다고 말한다. 즉, 금식은 영적인 진리를 찾는 하나의 도구일 뿐이므로 그러한 도구적 기능이 더 이상 우리 안에 이루어지지 않는다면 주님은 우리의 금식을 기뻐하지 않으실 것이란 뜻이다.

그러나 가장 중요한 가르침은 '금식'과 '구제'와 '기도'가 합일을 이뤄야 한다는 것이다. 크리솔로고스에 따르면 금식은 기도의 영혼이며 구제는 금식의 양식이다. 아무도 그 셋을 분리해서는 안 된다. 아니, '금식', '구제', '기도'는 본질상 불가분의 관계에 있다. 따라서 기도하는 사람은 금식해야 하고 금식하는 사람은 구제해야 한다.

잠시 그의 설교 43편에서 일부를 살펴보자.

> 당신의 배고픔이 하나님께 닿기를 바란다면 먼저 다른 사람의 배고픔을 볼 수 있어야 합니다. 그분의 긍휼을 원한다면 먼저 긍휼을 보여야 하고, 그분의 자비를 구한다면 먼저 자비를 베풀어야 합니다. 받고자 하는 자가 먼저 주십시오. 그렇지 않으면 당신이 구하고 바라는 기도는 하나님을 기만하는 것일 뿐입니다.

이 발췌문에서 알 수 있듯이 크리솔로고스는 먼저 금식을 구제와 연관시킨다. 그리고 금식의 참 열매가 오직 구제를 통해서 맺힐 수 있다고 강조한다. 참고로 크리솔로고스의 설교 43편에 나타난 금식의 열매는 가난에서 벗어나 하나님의 긍휼과 자비를 '수동적으로' 얻는 것이지만 설교 13편에서는 순결, 믿음, 동정심, 인내, 관용, 자비, 겸손, 성덕 등 거룩하고 영적인 삶을 우리 안에 '적극적으로' 이루어가는 것과 관련이 있다.

다음은 '금식'과 '구제'의 관계를 '기도'에 연결한 설교 43편의 한 대목이다.

> 당신이 금식 중에 간구하는 기도가 하나님의 전에 상달되길 원한다면, 다른 사람의 간구에 귀를 기울이십시오. 이웃의 간구에 귀를 닫지 않으면 하나님께서 귀를 열어 당신의 간구를 들으실 것입니다.

자고로 '기도'란 그 내용의 지위고하를 막론하고 우리의 간구가 하나님의 전에 닿기를 바라고 소망하는 것이다. 그런데 이때 그 소망하는 바가 이뤄지기 위해서는 '조건'이 하나 있다. 크리솔로고스에 따르면 그 조건은 매우 필수적이며 그 안에는 다음과 같은 시편의 권고(시 51:17)가 뒤따른다.

> 상하고 겸손한 자를 멸시하지 아니하시는 하나님과 동일한 마음, 동일한 관대함, 동일한 신속함으로 내 이웃의 간구에 내 눈과 내 귀와 내 손을 먼저 여십시오. 열심히 곳간을 채우다 잃지 말고 나누고 비우고 흩어서 모으십시오. 그리하면 우리가 내어 준 그 '것'이 소산(消散)하지 않고 하나님의 섭리 안에서 우리 삶에 소산(所産)될 것입니다.

매년 사순절이 되면 금식에 대한 설교가 강단에서 울려 퍼진다. 여전히 금식이 중요하단 뜻이다. 물론 우리는 이전과 같은 방식, 빈도, 강도로 금식하지 않는다. 그렇게 요구하고 있는 교회도 거의 찾아볼 수 없다. 하지만 우리가 때때로 금식해야 할 때, 그리고 사순절과 같은 특별한 기간에 금식하기를 원할 때 이 '한 가지'만은 꼭 기억해두는 것이 좋을 것이다.

크리솔로고스가 말했듯이 금식은 단순한 굶주림이 아니다. 내가 굶주렸던 것으로 다시 내 몸을 채우는 것은 결단코 금식이 아니다. 그것은 예견된 폭식이다. 사치와 쾌락의 일시 지연이고, 야망과 분노, 질투와 탐욕으로 내 몸을 귀소(歸巢)시키는 처사다. 바른 금식, 곧 성경과 사도 전승에 기반한 교부들의 참된 금식은 오직 기도와 구제를 통해 참된 금식의 열매를 맺는 것과 관련이 있다.

당신의 금식이 기도와 밀접한 관계를 맺고 구제와 연결되기를 바란다. 그리하여 하나님의 긍휼과 자비를 얻고, 더 나아가 순결, 믿음, 동정심, 인내, 관용, 자비, 겸손, 성덕의 열매를 맺기를 바란다. 그간의 폭식, 사치와 쾌락, 야망과 분노, 질투와 탐욕이 다스려지기를!

그리고 이 같은 금식의 바른 실천이 비단 나 자신뿐만 아니라 내 자녀와 내 교회 위에 이뤄지기를! Fiat voluntas tua, Domine! Amen.

> 형제 자매 여러분, 기도와 금식과 구제를 기억하십시오. 이 세 가지는 우리의 믿음을 강화하고, 우리의 헌신을 확고히 하며, 우리의 선행을 지탱해 줍니다. 기도가 두드리면 금식이 일어나니 구제를 구하십시오. 기도, 구제, 금식. 이 셋은 하나이며 서로에게 생명을 줍니다(베드로 크리솔로고스의 사순절 설교 <기도가 두드리면 금식이 일어나니 구제를 구하라>).

7

누르시아의 베네딕토(c.480-547)의 『규칙』

　4세기 초, 디오클레티아누스 치하의 많은 기독교인은 심한 박해(c.304)를 피해 사막으로 피신했다. 그러나 콘스탄티누스 대제의 기독교 공인(c.313) 이후 사막은 피난처에서 새로운 형태의 순교를 실천하는 영적 오아시스로 탈바꿈했다. 특히 4, 5세기에는 더욱 더 많은 기독교인들이 사막으로 몰려들었고 이로 인해 이집트 사막의 한복판에 도시가 세워지기까지 했다.

　이집트 사막의 이러한 변화는 곧장 서방 교회의 수도원 운동으로 이어졌다. 실제로 당시 로마 제국의 지배를 받고 있던 이탈리아, 갈리아, 팔레스타인, 북아프리카 등지에서 적지 않은 수의 기독교인들이 수도원 생활의 이상을 추구하기 위해 사막 도시로 몰려나왔다. 그리고 그들이 추구한 이상과 전통과 유산은 히에로니무스, 암브로시우스, 아우구스티누스, 카시아누스, 바실리우스 등 초기 교부들의 삶과 수도원 사상에 영향을 미쳤고, 마침내 6세기경 누르시아의 베네딕토(Benedict of Nursia)에게 계승되었다.

1. 베네딕토의 생애

그레고리오 대제의 『대화』 제2권에 기록된 『베네딕토의 생애』(*Vita Benedicti*)에 따르면, 베네딕토는 480년경 이탈리아 중부 누르시아(Nursia) 지방의 부유한 집안에서 태어났다. 그러나 대부분의 생애 동안 베네딕토는 정치적, 사회적, 교회적으로 불안정한 상황에 처해 있었다. 가장 큰 이유는 476년 서로마 제국의 멸망이었다.

그 멸망은 국내 정치와 사회 질서 그리고 주변 국제 정세를 급속도로 불안정하게 만들었다. 교회도 예외는 아니었다. 기독교인들은 자신들의 정통성을 지키기 위해 고군분투했지만, 당시의 불안정한 현실이 유입되는 것을 바로잡기에는 역부족이었다. 결국 베네딕토는 로마 귀족으로서 일상에 환멸을 느끼고 수도원 생활을 시작하기 위해 493년 로마를 떠났다.

첫 해에는 비교적 온건한 형태의 기도와 수덕 생활을 했다. 엔피데(Enfide)라는 작은 시골 마을로 건너가 다른 수도사들과 함께 공동 생활을 했다. 하지만 수비아코(Subiaco)에서 온 한 수도사(로마노)의 권유로 인해 본격적인 '홀로 삶'(Anachoresis), 곧 독수자(獨修者) 형태의 금욕 생활을 시작했다. 3년 동안 외부와의 접촉을 끊었고 수비아코의 천연 동굴인 '사크로 스페코'(Sacro Speco, 직역하면 '거룩한 동굴')로 들어갔다. 그리고 거기서 유혹, 죄악, 악령을 비롯한 인간의 내적 악의와 '영적인 전투'(pugna spiritalis)를 벌였다.

얼마 지나지 않아 그의 금욕적인 삶, 인품 그리고 영성이 수비아코 주변 사람들에게 널리 알려지기 시작했다. 점점 더 많은 사람이 그의 가르침을 듣고자 찾아왔다. 기도를 받는 이도 많았고, 치유 기적에 목매는 사람들도 많았다. 한마디로 베네딕토는 더 이상 독수자(獨修者)로서의 금욕 생활을 할 수 없는 지경에 이르렀다.

그래서 그는 수비아코 부근에 12개의 작은 수도원 연합을 짓고 약 19년 동안 자신을 따라 '영적인 군역'(militia spiritalis)을 짊어진 이들을 지도했다. 그리고 529년경부터는 이탈리아 남부에 위치한 몬테 카시노(Monte Cassino) 산으로 올라가 지금의 베네딕토 수도회(Benedictine Order)를 창설하고 올바른 수덕 생활과 기도, 공부, 노동의 조화로운 균형에 대해 가르쳤다.

2. 『규칙』의 영향

베네딕토의 가르침이 차곡차곡 쌓이면서 '초심자를 위한 작은 규범' 형태의 회칙이 공포되었는데, 이것이 바로 그 유명한 『규칙』이다. 『규칙』은 서론을 포함하여 수도 공동체의 제도 및 생활 규율을 안내하고 있는 총 73개의 장(章)으로 이루어져 있다. 먼저 서론부터 7장까지는 전체 본문의 도입부 역할을 하고 있으며, 수도사의 종류(1장), 수도원장(2-3장), 영적 성장을 위한 74가지 도구와 겸손의 12단계(4-7장)를 설명한다.

그리고 이어지는 장(章)은 전례 규칙과 태도(8-20장), 직무와 역할(21, 31-2, 38, 47, 57, 62-66장), 입회, 견책, 파문(23-30, 42-6, 58-61장), 노동과 각종 생활수칙(22, 33-7, 39-42, 48-56, 67-72장), 맺음말(73장)로 구성되어 있다.

『규칙』의 가장 큰 특징 중 하나는 최소한의 영적인 삶을 시작할 수 있도록 돕는다는 것에 있다. 또한 흔히 말하기를, 결코 피상적이거나 이행 불가능한 것을 요구하지 않는다고 알려져 있는데, 이것 역시 옳은 말이다. 즉, '아빠스'(abbot)로서의 베네딕토의 관심은 단순히 규율을 엄격하게 강조하는 것에 있지 않고 온전하고 균형 잡힌 방식으로 인간의 자율성과 영적 책임을 증진하는 데 있다고 할 수 있다. 일례로 서론을 보면, 베네딕토는 다음과 같이 말하고 있다.

> 우리는 주님을 섬기기 위한 학교를 설립하고자 한다. 이 학교의 규정을 정할 때, 우리는 가혹하거나 부담스러운 것은 그 어느 것도 세우길 원하지 않는다. 그러나 만일 정당한 이유에서 우리의 잘못을 교정하거나 사랑을 지키게 해 주도록 약간의 엄격한 것이 나온다고 해도 두려움으로 조급히 겁먹지 말고, 구원으로 이끄는 길로부터 도망치지 말

라. 입구는 협소하기 마련이다(누르시아의 베네딕토, 『규칙』, 서론, vv.45-8).

결국, 베네딕토의 『규칙』이 사막 수도원이라는 옛 시대의 그림자에 묻혀 역사의 후미진 곳으로 사라지지 않았던 이유는 다른 데 있지 않다. 그 특유의 유연함! 연약한 시작에 대한 공감! 일상과 금욕, 사랑 구원과 잘못 교정의 현명한 조화! 이 '것'이 바로 『규칙』을 중세 초 카롤링거 제국의 공식 규범으로, 중세 말과 근대 초 수도원 개혁의 신앙적 기준으로, 오늘날 영국 성공회와 스웨덴 루터교의 영신수련서로 체인(體認)되게 만든 주된 요인이다.

그렇다면 지난 1,500년 동안 기독교 고전의 하나로 사랑받아 온 『규칙』에서 우리는 어떤 영성을 보고 또 배울 수 있을까?

3. 영적 도구인 몸을 단련하라!

베네딕토는 『규칙』 4장에서만 무려 74가지의 영적 성장 도구를 열거하고 있다. 그러므로 여기에서 이러한 영적 노력의 모든 영역과 수단을 전부 설명하는 것은 불가능하다. 대신, 나(필자)는 이것들의 기초(본질)라고 할 수 있는 한 가지, 즉 영적 도구로서의 몸에 관한 가르침을 좀 더 구체적으로 살펴보고자 한다.

베네딕토에 따르면, 우리의 영적 여정에서 몸의 역할은 매우 중요하다(서론, v.40). 그러나 인간의 몸 자체는 영적 성장을 위한 준비가 거의 되어 있지 않다. 그래서 장인이 자기 연장으로, 또 군인이 자기 무기로 단련해야 하듯이 신자도 자기 몸을 단련해야 한다. 그렇지 않으면 사도 바울이 경고한 대로 "불의의 연장"(롬 6:13)이나 "창녀의 지체"(고전 6:15)가 되어 죄에게 넘겨질 수 있다.

그렇다면 우리는 어떻게 우리 몸을 단련해야 할까?

베네딕토는 크게 두 가지로 설명한다. 우선 첫 번째 방법은 『규칙』의 서론 1절과 8절에 기록된 "들으라, 나의 아들아(Obsculta, o fili) … 마음의 귀(aurem cordis tui)를 열어 주의를 기울여라"와 "성경이 '자다가 깰 때가 벌써 되었으니'(롬 13:11)라고 말하며 우리를 깨우니 이제 일어나자"*(Exsurgamus ergo)*와 관련이 있다.

영적 성장을 위해 우리 몸을 단련하려면, 먼저 귀를 기울여야 한다. 마음의 귀(aurem cordis tui)를 크게 열고 들어야 한다. 한데 이때의 들음은 경청이나 성찰이 아니라 몸짓(gesture)이다. 그것은 활동이며 실존적 변형이다. 왜냐하면, 이 들음은 우리를 깨우는 소리, 우리를 일으키려는 신적 포효(בַּת קוֹל)를 향한 인간 몸의 반응이기 때문이다.

이제 일어나자(Exsurgamus ergo)!

성경에서 '일어남'은 하나님께서 자신의 강력한 개입을 선포하는 상징이자 신호로 읽힌다. 일례로 시편 68편 1절은 이렇게 말한다.

> 하나님이 일어나실 때에, 하나님의 원수들이 흩어지고, 하나님을 미워하는 자들은 하나님 앞에서 도망칠 것이다(시 68:1).

하나님이 일어나신다. 여태껏 하는 일 없이 죽치고 앉아만 계시는 것 같던 하나님이 돌연 일어서신다.

그분의 일어나심. 그분의 일어서심. 그분의 현존하심. 그 하나면 족하다! 그걸로 모든 상황이 해결된다. 원수들이 흩어지고, 주를 미워하는 자들이 도망한다. 그런 까닭에 시편 기자는 거듭 간청한다.

> 주님, 일어나십시오. 하나님, 손을 들어 악인을 벌하여 주십시오. 고난받는 사람을 잊지 말아 주십시오(시 10:12).

이사야 선지자도 잊지 말자! 이사야서 33장 10절에서 하나님은 "나 이제 **일어선다**"(אָק֣וּם), "나 이제 몸을 **일으킨다**"(אֵרוֹמָם), "나 이제 **일어난다**"(אֶנָּשֵׂא)고 말씀하신다. 이것은 시편 기자의 노래가 아니다. 선지자의 간청도 아니다.

하나님의 입에서 직접 나온 말씀(Word)이다. 그 말씀에는 조금의 의심도 용납하지 않겠다는 그분의 각오와 결연한 의지가 담겨 있다.

그런데 참으로 결연한 이 말씀이 우리를 향해 목청껏 외친다. 놀라서 들어보니, "자다가 깰 때가 벌써 되었으니"란 소리다. 아니 그보다, 하나님이 일어났으니 너도 이제 그만 일어나라는 외침이다. 이 외침에 우리의 마음이 귀를 기울이고 우리의 몸을 일으켜야 한다.

영적인 성장?
영적인 전투?

무엇 하나 내 힘만 가지고는 되지 않는다. 오직 하나님의 '일어서-나오심'이 우리 몸을 흔들어 깨울 때, 그리하여 하나님이 서신 곳이 어딘지를 예감하고 그곳으로 내 몸의 '일어섬'을 추동(推動)시킬 그때, 바로 그때 우리 몸은 '의의 도구'(롬 6:13)가 되는 것이고 '그리스도의 지체'(고전 6:15)가 되는 것이다.

이어서 두 번째 방법은 『규칙』의 4장 55-6절에 기록된 **"기도하는 독서"**(*lecture priante*)와 관련이 있다. 베네딕토에 따르면, 이 '기도하는 독서' 중에 수도승은 통상 바닥에 엎드린다. 이 때 특별한 말로 기도해야 하는 지 아니면 침묵해야 하는 지에 대한 언급은 없다. 단지 짤막한 세 가지 지침이 제공될 뿐이다.

첫째, 성경 본문을 큰 소리로 '말'하여 읽어라.
둘째, 특별한 단어나 이미지가 갑자기 번쩍이고 당신의 '마음'을 감동시킬 때 읽기를 멈추라. 그런 다음,
셋째, '몸'을 구부리거나, 무릎을 꿇거나, 일어나서 기도하라.

이 세 가지 지침을 하나의 연결된 과정으로 이해하고 그에 따라 기도하는 것은 상당히 번거로운 일이다. 우리 몸이 잠시도 가만히 있을 틈이 없기 때문이다. 한편으로 우리 몸은 입과 귀를 통해 전달되는 성경 본문의 낭송(말)에 줄곧 간섭을 당한다. 다른 한편으로 우리 몸은 마음 속에 일어난 일종의 계시적 울림이나 떨림에 항상 깨어 있어야 한다.

달리 말하면, 우리 머릿속의 상념을 포박하고 우리 마음 속의 정념을 결박하여 성경 본문이 몸으로 사무쳐 들어와 몸과 함께 기도하게 하는 것이 바로 '기도하는 독서'이다. 즉, 기도는 생각의 문제가 아닌 몸의 문제이며 철저하게 '몸짓'이란 뜻이다.

잠시 시편의 예를 하나 들어보자!

시편 기자는 기도자가 기도 중에 노래하거나 춤을 추는 것, 손을 들어 경배하거나 무릎을 꿇는 것, 박수를 치거나 허리를 굽히고 천천히 걷는 것 등에 대해 끊임없이 예시한다. 물론 기도 중에 이 모든 동작을 죄다 반복하거나 한꺼번에 하는 것은 불가능한 일이고, 또 큰 의미도 없다.

다만 중요한 것은 기도자가 말이나 생각으로 내뱉는 것을 몸 또한 매번 행함으로써 기도자의 몸짓이 기도에 충분히 각인되게 하는 것이다. 즉 기도가 몸이 되고, 몸이 기도가 되게 하는 것이 시편 기자의 주된 요지라고 할 것이다.

C.S. 루이스의 소박한 가르침도 한 가지 새겨보자!

루이스의 『스크루테이프의 편지』를 보면, 두목 악마(스크루테이프)가 자기 조카(웜우드)에게 편지하여 인간을 유혹하고 넘어뜨리는 법을 가르치는 이야기가 나온다. 특히, 네 번째 편지를 보면, 두목 악마가 기도하는 사람을 넘어뜨리기 위한 비책을 한 가지 공개하는데, 이는 다음과 같다.

> 기도를 할 때 몸가짐은 아무래도 좋다고 인간들을 구슬려야 한다. 사실 그들은 자기네가 짐승이라는 것과 그들이 몸으로 행하는 모든 것이 자기네 영혼에도 영향을 미친다는 것을 번번이 잊어버린다. 그러나 이 점을 너는 결코 놓쳐서는 안된다(『스크루테이프의 편지』, 32-3).

두목 악마는 정확히 알고 있다. 인간이 짐승과 공유하고 있는 몸은 영혼과 긴밀히 연결되어 있기 때문에, 인간이 몸으로 행하는 모든 것은 영혼에도 영향을 미친다.

인간의 몸이 하나님 앞에 무릎을 꿇으면 영혼도 무릎을 꿇는다. 어렴풋이 경건한 기분만 내려면 말이나 생각으로 기도를 내뱉으면 되지만, 온전한 기도가 되려면 기도 속에 몸을 포섭하는 것이 중요하다.

여기에 대해, 특별히 기도를 통한 몸의 단련과 영성에 필요한 몸짓 전반에 대해 더 할 말이 많지만, 여기서는 지금까지의 언급으로 충분한 듯하다 하겠다. 이 이상의 지적, 신앙적 자극이 필요하다면 정말로 베네딕토의 『규칙』을 한 번 읽어 보길 권한다. 그가 사막 수도원 전통에서 찾아내고 정리한 인상적인 지침은 영적 체험의 보고(寶庫)로서 오늘날 그리스도교 신자인 우리의 흥미를 자아내기에 충분하며, 또 그런 체험들을 우리의 신앙 생활과 영성 생활에서 곧장 시험해 보라고 재촉할 것이다.

> 게으름은 영혼의 적이다. 그러므로 형제들은 영성 깊은 독서(Lectio Divina)뿐만 아니라 육체노동을 위한 구체적인 시간을 배정해야 한다(누르시아의 베네딕토, 『규칙』, 48.1).

8

그레고리 대제(c.540-c.640)의 『욥기의 도덕적 해설』

> 아, 그 밤이 아무도 잉태하지 못하는 밤이었더라면, 아무도 기쁨의 소리를 낼 수 없는 밤이었더라면, 주문을 외워서 바다를 저주하는 자들이, 리워야단도 길들일 수 있는 마력을 가진 자들이, 그 날을 저주하였더라면, 그 밤에는 새벽 별들도 빛을 잃어서, 날이 밝기를 기다려도 밝지를 않고, 동트는 것도 볼 수 없었더라면, 좋았을 것을! 어머니의 태가 열리지 않아, 내가 태어나지 않았어야 하는 건데. 그래서 이 고난을 겪지 않아야 하는 건데!(욥 3:3-10).

욥은 절규한다. 고통 속에서 그는 자신이 태어난 날을 저주한다. 고통이 없는 사람은 없지만 남들이 한눈에 보기에도 특별한 고통을 겪는 사람이 있다. 무거운 병고를 짊어진 사람이 있고, 사회적 불의 때문에 억압을 당하는 사람도 있고, 남에게 알릴 수 없어서 홀로 눈물을 삼키는 사람도 있다. 고통이라는 밤, 황야, 죽음. 사람들은 그 속에서 의미를 묻는다. 아니, 살기를 희망한다.

그러나 쇠렌 키르케고르(Søren Kierkegaard)가 말했듯이 고통이 더 이상 가장 큰 위험이 되지 않을 때 사람은 죽기를 희망한다. 그리고 죽음이 마지막 희망이 될 때 사람은 자신의 존재로부터 시선을 돌린다. 자신의 생(生) 전체를 부정하는 것이다.

욥의 절규는 생(生)의 부정이다. 고통의 극한에서 자신의 존재마저 저주하고 싶은 인간의 모습이 욥의 고통 속에서 드러난다.

1. 욥을 닮은 콘스탄티노플의 수도사, 그레고리 대제

그레고리 대제는 540년 로마의 명문가인 아니키아(Anicia)의 가문에서 태어났다. 그의 아버지 고르디아누스(Gordianus)는 로마의 원로였고 그의 어머니 실비아(Silvia)는 성인으로서 존경을 받았다. 어릴 적부터 수도원에서 성경과 교부들의 가르침을 받은 그는 33세의 나이에 로마의 최고 관리인 시장(praefectus urbi) 자리에 올랐다. 그러나 불과 5년 만인 578년에 그는 세상의 허무함을 깨닫고 이탈리아 첼리오(Celio) 언덕에 있는 가족 집(저택)을 수도원으로 개조했다. 그리고 누르시아의 베네딕토(Benedict of Nursia)가 쓴 『규칙』

을 따라 수도원 생활을 시작했다.

그곳에서 엄격한 단식을 하며 건강을 심하게 해친 그레고리 대제는 평생 말조차 하기 힘든 위병에 시달렸다. 그래서 설교를 해야 할 때도 다른 사람들에게 자신의 글을 대신 읽어 달라고 부탁해야만 했다. 말년에는 병세가 너무 나빠져 침대에서 몸을 가누기조차 힘들었다. 결국 598년에 쓴 편지 중 하나에서 그는 자신의 현 상태가 죽음을 기다리는 욥과 같다고 밝혔다.

> 지난 11개월 동안 몇 번 예외가 있었지만 침대에서 도저히 일어날 수 없었습니다. 이것은 내 삶을 견딜 수 없는 형벌로 만드는 고통입니다. 하루하루 이 고통에 나는 지쳐 있습니다. 이제 나는 나를 위한 유일한 치유책인 죽음을 기다리고 있습니다(편지, 9, 123).

그레고리 대제에게 인간의 고통은 이론이 아니었다. 생생한 현실, 삶 그 자체였다. 하지만 그는 고통이 그를 탐닉하게 내버려두지 않았다. 거기에 갇히지도 않았고, 단지 그것으로부터 벗어나고자 했다. 고통 너머의 세계로 자신을 끊임없이 열어 젖혔고, 자신의 고통을 통해 타인의 고통을 더 잘 이해하고 사랑하고 섬기려고 했다.

많은 역경과 고난 속에서도 이처럼 숭고한 삶의 묘(妙)를 보여 준 그레고리 대제는 579년 로마 교회의 공식 인준을 받아 교황 대사의 자격으로 동로마 제국의 수도인 콘스탄티노플에 파견되었다. 그곳에서 그는 교황 대사의 직무를 보는 한편, 콘스탄티노플 수도회의 구제 사역 및 공동 생활에도 온 힘을 기울였다. 그 과정에서 그는 서로마제국의 멸망(476년)과 함께 디아스포라 신세가 된 이들의 눈물을 보았고, 갖가지 이유와 목적으로 유배당한 이들(특히 평생의 벗이 된 세비야의 레안드로)의 수욕을 목격했다.

그런가 하면 또 테베레(Tiber)강의 범람과 수해로 인해 고통받는 이들의 참상을 보았고, 590년 봄부터 시작된 흑사병의 참화로 인해 당시의 교황이었던 펠라지오 2세(Pelagius II)를 비롯해 수없이 무고한 생명이 속수무책으로 꺼져가는 것을 목격했다.

그들은 모두 '욥'이었다. 험난한 시대의 검은 파고에 휩쓸린 그들의 삶은 전부 '욥기'였다. 그래서 욥을 닮은 콘스탄티노플의 수도사 그레고리 대제는 세비야의 레안드로(Leander of Seville)를 비롯한 콘스탄티노플 수도원 공동체의 간곡한 청을 받아 고통받는 의인들을 위한 성경 한 권을 주해하기 시작했다. 그것이 바로 『욥기의 도덕적 해설』이다.

2. 『욥기의 도덕적 해설』

기독교 성서 주석에서 욥기는 아주 중요한 위치를 차지하고 있다. 심지어 기독교 고전 중 하나인 아우구스티누스의 『신국론』에서는 욥이 장차 올 그리스도를 예언한 선지자로 묘사되기까지 한다(『신국론』 XVIII, 46). 또한, 욥은 무고한 그리스도의 수난을 온몸으로 예고한 인물로도 이해되는데, 이 두 가지 사실 덕분에 욥은 기독교 전례와 신앙 생활 전반에 걸쳐 결코 빠질 수 없는 인물로 평가되었다.

이방인이면서도 누구보다 진실했던 사람, 그 진실을 하나님조차 인정했던 사람, 욥은 기독교 고전의 오랜 역사 속에서 항상 '그리스도 이전의 그리스도인'으로 많은 이들의 이목과 집중을 받았다.

따라서 모든 교부가 어떤 식으로든 욥기를 다루었다. 하지만 중세 기독교 욥기 주석의 토대가 될 뿐만 아니라 욥기 전체를 통으로 설명한 최초의 고서(古書)는 기원후 578년에서 595년 사이에 그레고리 대제가 기록한 『욥기의 도덕적 해설』이다.

참으로 많은 그리스도인이 이 책을 사랑하고, 존경하고, 인용하고, 발췌하고, 공유했다. 그레고리 대제가 아직 살아 있을 무렵인 7세기 초, 브레시아(Brescia)의 주교인 파테리우스(Paterius)는 이 책의 일부를 『파테리우스가 그레고리 대제의 작품에서 발췌한 구약성경의 증언』(*Liber testimoniorum veteris testament quem Paterius ex opusculis sancti Gregorii excerpi curavit*) 이란 문헌에 정리한 뒤 이탈리아에 보급했다.

그 후, 7세기 중반에는 사라고사(Saragossa)의 주교인 타이오(Taio)가 로마로 건너가 이 책의 사본 몇 권을 얻은 뒤 편집하여 스페인에 공급했고, 거의 비슷한 시기에 아일랜드에서도 라첸(Lathcen)이란 이름의 수도사를 통해 보급되었다.

그 후에도 그레고리 대제의 욥기 해설에 대한 전방위적 구애 활동은 계속되었다. 일례로 중세 말에는 랭스의 힌크마르(Hincmar of Reims)와 같은 주교에 의해 프랑스로, 마인츠의 라바누스(Rhabanus of Mainz)와 같은 신학자에 의해 독일로, 아빌라의 테레사(Theresa of Avila)와 같은 영성가에 의해 스페인으로 이어져 나갔다.

그런가 하면, 근대 초에는 프랑수아 페넬롱(François Fénelon, 프랑스 신비주의 사상가이자 존 웨슬리가 그리스도인의 완전 교리를 '거룩한 사랑의 신비'와 연결할 때 참조한 인물 중 하나)[1]과 같은 신비주의 사상가들에 의해 유럽의 범-가톨릭 및 성공회 진영으로, 비교적 최근에 와서는 토마스 C. 오든(Thomas C. Oden)이나 마크 J. 래리모어(Mark J. Larrimore)와 같은 감리교 신학자들에 의해 북미권 안팎의 개신교 진영으

---

1 Kenneth J. Collins, *The Theology of John Wesley: Holy Love and the Shape of Grace* (Nashville, TN: Abingdon Press, 2007), 205.

로 이어졌다.

무엇이 이 책을 시대와 전통과 교파를 넘어 사랑하게 만들었을까?

각자 나름의 특별한 이유가 있을 것이다. 어떤 이들은 그것이 기독교 목회 윤리의 고전이기 때문이라고 말할 것이고, 다른 이들은 그것이 성경 해석과 추론의 초기 기독교 모델(특히, 알렉산드리아 학파의 역사적-알레고리적-도덕적 의미 모델)이기 때문이라고 말할 것이다.

하지만 나(필자)는 이 책이 사랑을 받게 된 근본적인 이유가 다른 곳에 있다고 믿는다. 왜냐하면, 그레고리 대제가 이 책의 서문(Preface)에서 자신의 뜻을 다음과 같이 밝히고 있기 때문이다.

> 고난 받는 의인의 마음 자리에 서 보지 않은 사람은 슬픔의 말을 올바로 이해할 수 없습니다. 오직 자신을 낮추어 그 자리에 서 볼 수 있는 사람만이 그 의미를 이해하고 영혼의 상태를 알 수 있습니다 (서문, III, 7).

『욥기의 도덕적 해설』은 신정론이나 악의 기원 등을 설명하는 이론서가 아니다. 성서 주석의 본류(本流)를 예증하는 해설서도 아니고, 주석서도 아니다. 그것은 단지 위의 서문에서도 유추해 볼 수 있는 것처럼, 한 편의 목회 서사(epic)에 가깝다. 이 목회 서사 속에는 슬픔의 말을 온전히 헤아리려는 사목자의 영성이 담겨 있다. 고난 받는 의인의 마음 자리에 서 본 수도자의 애정 어린 고뇌가 서려 있다.

다시 말해 그레고리 대제의 욥기 해설이 그토록 많은 사람들에게 사랑을 받은 근본적인 이유는, 그것이 욥과 같은 삶을 살았음에도 불구하고 욥을 닮은 사람들에게 기꺼이 위로를 건네준 책이기 때문이다.

3. 그레고리 대제, 욥기의 위로를 말하다!

욥기에 관한 해설을 마친 뒤, 그레고리 대제는 자신의 오랜 친구인 레안드로에게 다음과 같이 편지한다.

> 고통받는 자인 내가 고통받는 욥에 관해 말한다는 것, 그리고 나의 고난으로 인해 고난을 받은 욥의 감정을 더 온전히 헤아릴 수 있었다는 것, 이는 하나님께서 섭리를 통해 예정하셨기에 가능했던 일일 겁니다 (Epistle to Leander V).[2]

---

2 위의 번역은 마크 래리모어, 『욥기와 만나다』 (서울: 비아, 2021), 30을 참조했다.

우리는 욥이 아니다. 욥의 이야기를 살고 있지 않다. 우리는 하나님의 뜻이 무엇인지, 하나님의 법정에서 대체 어떤 일이 벌어지고 있는지 알지 못한다. 단지 일정한 선입견을 가지고 제한된 상상력을 통해 이 난해하고 고통스러운 이야기를 이해하려고 노력할 뿐이다.

이 노력의 과정에서 우리는 욥을 오해하기도 하고, 많은 경우에 결코 만족스럽지 않은 욥기 해석에 휘말리기도 한다. 그 결과 우리는 성경의 욥이 만난 하나님을 은연 중에 욕보이거나 그저 괴로움만 안긴 또 하나의 엘리바스, 빌닷, 소발이 될 때가 허다하다.

하지만 그레고리 대제의 경우에는 우리와 달랐다. 그는 욥을 살았다. 욥의 세상 속에 있었고, 욥의 비참을 견뎌냈고, 욥의 그림자가 드리운 중세 도시의 수많은 욥을 만났다. 그래서 달랐다. 그리고 그 '다름'은 우리를 매우 혼란스럽게 한다.

그런데 무엇보다 우리를 가장 혼란스럽게 하는 것은, 그레고리 대제가 욥기에 대해 설명할 때 주장한 전도(顚倒)된 세계, 즉 '거꾸로 된 세계'다. 그레고리 대제에 따르면, 욥기에는 두 가지 세계가 있다. 우리의 눈으로 쉽게 포착할 수 있는 '현실 세계'가 있고, 도저히 우리가 상상할 수 없는 '현실-너머의-세계'가 있다. 전자는 '역사'(historia)를 뜻하고, 후자는 '우의'(allegoria)를 말한다. 이 둘 중에서 우리가 신뢰해야 할 세계는 오직 '거꾸로 된 세계,' 즉 '우의' 뿐이다.

왜냐하면, '역사'는 언제나 뒤죽박죽이고, 절망적이고, 무엇보다 그 상태가 '궁극적인 것'이 아니기 때문이다.

한마디로 우리는 '현실 세계'에서만 '기능'(functio)하는 '감각'을 불신하는 법을 익혀야 한다. 그레고리 대제가 "**겸손이라는 은총으로 장식된 경청**"이라고 말하면서 애써 강조한 "**순종**"과 "**순결**"의 영성을 가지고 '거꾸로 된 세계', 곧 '우의'를 신뢰해야 한다(『욥기의 도덕적 해설』, 35.13.26-27).

그렇다면 욥기 안에서 펼쳐진 '우의'의 세계는 무엇일까?

또한, 그 '우의'의 세계가 전하는 '위로'는 무엇일까?

한 가지 분명한 것은 우리가 일반적으로 생각할 수 있는 위로가 '역사'의 차원에 국한되고, 이는 그레고리 대제가 강조한 '우의'적 차원의 위로와 전혀 다르다는 것이다.

먼저 '역사'의 차원에 국한된 위로는 무고한 사람들의 고통에 대한 우리의 '현실'적 대응이라고 할 수 있다. 함께 분노하고, 함께 저항하며, 함께 의로운 심판을 촉구하는 것이 바로 '역사'적 차원의 '현실'적 위로다. 한데 그레고리 대제에 따르면, 이와 같이 역사적 차원에 국한된 위로는 엘리바스, 빌닷, 소발이 욥을 위로한 방식과 별반 차이가 없다. 다시 말해 진정한 의미의 위로가 아니다. 오히려 그것은 욥의 고통을 가중시킬 뿐이며, 무엇보다 하나님의 책망을 받아 마땅하다(욥 42:7).

그렇다면 우리가 경청해야 할 '우의'적 차원의 위로는 무엇일까?

이를 설명하기 위해 그레고리 대제는 사무엘하에서 다윗 왕이 헷 사람 우리야를 살해한 이야기를 제시한다. 그럼 잠시 이 충격적인 일화를 소개하면서 그가 설명한 부분 중 하나를 살펴보자.

> 역사의 측면에서 보면 다윗보다 악한 자는 없다. 그리고 우리야보다 의롭고 무고하게 고통받는 이도 없다. 하지만 우의의 측면에서 보면 다윗보다 경건한 이는 없다. 그리고 우리야보다 더 신앙 없는 이도 없다(『욥기의 도덕적 해설』, 3.18.55).

이 설명에서 알 수 있듯이 그레고리 대제가 만난 성경의 세계 안에선 외적인 상황(역사)이 전부가 아니다. 이는 욥기에서도 마찬가지다. 성경 속 욥의 이야기 속에는 '역사'가 '우의'로 전복(顚覆)되어 있다. 즉 '거꾸로 된 세계'가 있다. 이 '거꾸로 된 세계'에서 감각은 불신의 영역이고, 번영은 덫이다. 우정은 이단을 낳을 수 있고, 고난(특히, 무고한 의인들의 고통과 시련)은 하나님의 심판이 아닌 자비를 출산하는 징후다.

따라서 '우의'적 차원의 위로는 '역사'의 눈으로 볼 때 전혀 위로가 아니다. 어리석은 예언일 뿐이고, 해석할 수 없는 시(詩)에 가깝다. 하지만 '거꾸로 된 세계'를 사는 이들에게 그 '위로'는 진정한 위로다. 아니, 기쁜 소식이다. 그들의 무고한 고난이 종말이 아니라는 소식, 그들의 고통과 시련이 신의 자비를 잉태하는 '향유'이고, '유향'이고, '겨자씨'라는 소식이다. 실로 많은 사람들이 이 소식 앞에 '아니오'를 외치고 '틀렸소'를 주장하겠지만, 지극히 적은 숫자의 성도들 곧 성경의 욥과 같은 이들은 티끌과 잿더미에 올라 참회하며, 아니, 하나님의 위로(נחם)[3]를 받으며 이렇게 고백할 것이다. "Ecce ancilla Domini, fiat mihi secundum ver-

---

[3] 욥기 42:6에서 "회개"로 번역된 히브리어 '나함'(נחם)은 단지 "회개", "참회", "후회", "한탄" 등으로 번역되기도 하지만, "위로"로 번역되기도 한다. 실제로 이 히브리어 단어 '나함'은 욥기에서 총 일곱 번 사용되었는데, 욥기 42장 6절을 제외한 나머지 여섯 구절(욥기 2:11; 7:13; 16:2; 21:34; 29:25; 42:11)에서 모두 "위로"로 번역된다. 물론 욥기 42장 6절에 쓰인 '나함'은 '니팔형'으로 쓰였다. 그리고 나머지의 경우엔 모두 '피엘형'으로 쓰였다. 이것을 근거로 어근 '나함'의 '니팔형'은 "회개"나 "참회"를 뜻하고, '피엘형'만이 "위로"를 뜻한다고 할 지도 모르겠다. 하지만 '나함'의 '니팔형'을 사용하고 있는 창세기 24장 67절과 38장 12절은, 모두 "위로"를 얻었다는 의미로 번역된다. 그러므로 욥기 42장 6절에서만 "회개"로 번역될 필요는 없어 보인다. 다시 말해, 주님께 대하여 귀로만 듣던 욥이 눈으로 주님을 뵈오며 티끌과 재 가운데 '나함'했다는 욥기 42장 6절의 말씀은 비단 욥이 "회개"를 했다고 보기보다, 하나님의 "위로"를 받았다고 보는 편이 더 자연스럽다고 할 것이다(송민원, 『지혜란 무엇인가』, 173-8 참조).

우리는 욥이 아니다. 욥의 이야기를 살고 있지 않다. 우리는 하나님의 뜻이 무엇인지, 하나님의 법정에서 대체 어떤 일이 벌어지고 있는지 알지 못한다. 단지 일정한 선입견을 가지고 제한된 상상력을 통해 이 난해하고 고통스러운 이야기를 이해하려고 노력할 뿐이다.

이 노력의 과정에서 우리는 욥을 오해하기도 하고, 많은 경우에 결코 만족스럽지 않은 욥기 해석에 휘말리기도 한다. 그 결과 우리는 성경의 욥이 만난 하나님을 은연 중에 욕보이거나 그저 괴로움만 안긴 또 하나의 엘리바스, 빌닷, 소발이 될 때가 허다하다.

하지만 그레고리 대제의 경우에는 우리와 달랐다. 그는 욥을 살았다. 욥의 세상 속에 있었고, 욥의 비참을 견뎌냈고, 욥의 그림자가 드리운 중세 도시의 수많은 욥을 만났다. 그래서 달랐다. 그리고 그 '다름'은 우리를 매우 혼란스럽게 한다.

그런데 무엇보다 우리를 가장 혼란스럽게 하는 것은, 그레고리 대제가 욥기에 대해 설명할 때 주장한 전도(顚倒)된 세계, 즉 '거꾸로 된 세계'다. 그레고리 대제에 따르면, 욥기에는 두 가지 세계가 있다. 우리의 눈으로 쉽게 포착할 수 있는 '현실 세계'가 있고, 도저히 우리가 상상할 수 없는 '현실-너머의-세계'가 있다. 전자는 '역사'(historia)를 뜻하고, 후자는 '우의'(allegoria)를 말한다. 이 둘 중에서 우리가 신뢰해야 할 세계는 오직 '거꾸로 된 세계,' 즉 '우의' 뿐이다.

왜냐하면, '역사'는 언제나 뒤죽박죽이고, 절망적이고, 무엇보다 그 상태가 '궁극적인 것'이 아니기 때문이다.

한마디로 우리는 '현실 세계'에서만 '기능'(functio)하는 '감각'을 불신하는 법을 익혀야 한다. 그레고리 대제가 "**겸손이라는 은총으로 장식된 경청**"이라고 말하면서 애써 강조한 "**순종**"과 "**순결**"의 영성을 가지고 '거꾸로 된 세계', 곧 '우의'를 신뢰해야 한다(『욥기의 도덕적 해설』, 35.13.26-27).

그렇다면 욥기 안에서 펼쳐진 '우의'의 세계는 무엇일까?

또한, 그 '우의'의 세계가 전하는 '위로'는 무엇일까?

한 가지 분명한 것은 우리가 일반적으로 생각할 수 있는 위로가 '역사'의 차원에 국한되고, 이는 그레고리 대제가 강조한 '우의'적 차원의 위로와 전혀 다르다는 것이다.

먼저 '역사'의 차원에 국한된 위로는 무고한 사람들의 고통에 대한 우리의 '현실'적 대응이라고 할 수 있다. 함께 분노하고, 함께 저항하며, 함께 의로운 심판을 촉구하는 것이 바로 '역사'적 차원의 '현실'적 위로다. 한데 그레고리 대제에 따르면, 이와 같이 역사적 차원에 국한된 위로는 엘리바스, 빌닷, 소발이 욥을 위로한 방식과 별반 차이가 없다. 다시 말해 진정한 의미의 위로가 아니다. 오히려 그것은 욥의 고통을 가중시킬 뿐이며, 무엇보다 하나님의 책망을 받아 마땅하다(욥 42:7).

그렇다면 우리가 경청해야 할 '우의'적 차원의 위로는 무엇일까?

이를 설명하기 위해 그레고리 대제는 사무엘하에서 다윗 왕이 헷 사람 우리야를 살해한 이야기를 제시한다. 그럼 잠시 이 충격적인 일화를 소개하면서 그가 설명한 부분 중 하나를 살펴보자.

> 역사의 측면에서 보면 다윗보다 악한 자는 없다. 그리고 우리야보다 의롭고 무고하게 고통받는 이도 없다. 하지만 우의의 측면에서 보면 다윗보다 경건한 이는 없다. 그리고 우리야보다 더 신앙 없는 이도 없다(『욥기의 도덕적 해설』, 3.18.55).

이 설명에서 알 수 있듯이 그레고리 대제가 만난 성경의 세계 안에선 외적인 상황(역사)이 전부가 아니다. 이는 욥기에서도 마찬가지다. 성경 속 욥의 이야기 속에는 '역사'가 '우의'로 전복(顚覆)되어 있다. 즉 '거꾸로 된 세계'가 있다. 이 '거꾸로 된 세계'에서 감각은 불신의 영역이고, 번영은 덫이다. 우정은 이단을 낳을 수 있고, 고난(특히, 무고한 의인들의 고통과 시련)은 하나님의 심판이 아닌 자비를 출산하는 징후다.

따라서 '우의'적 차원의 위로는 '역사'의 눈으로 볼 때 전혀 위로가 아니다. 어리석은 예언일 뿐이고, 해석할 수 없는 시(詩)에 가깝다. 하지만 '거꾸로 된 세계'를 사는 이들에게 그 '위로'는 진정한 위로다. 아니, 기쁜 소식이다. 그들의 무고한 고난이 종말이 아니라는 소식, 그들의 고통과 시련이 신의 자비를 잉태하는 '향유'이고, '유향'이고, '겨자씨'라는 소식이다. 실로 많은 사람들이 이 소식 앞에 '아니오'를 외치고 '틀렸소'를 주장하겠지만, 지극히 적은 숫자의 성도들 곧 성경의 욥과 같은 이들은 티끌과 잿더미에 올라 참회하며, 아니, 하나님의 위로(נחם)[3]를 받으며 이렇게 고백할 것이다. "Ecce ancilla Domini, fiat mihi secundum ver-

---

[3] 욥기 42:6에서 "회개"로 번역된 히브리어 '나함'(נחם)은 단지 "회개", "참회", "후회", "한탄" 등으로 번역되기도 하지만, "위로"로 번역되기도 한다. 실제로 이 히브리어 단어 '나함'은 욥기에서 총 일곱 번 사용되었는데, 욥기 42장 6절을 제외한 나머지 여섯 구절(욥기 2:11; 7:13; 16:2; 21:34; 29:25; 42:11)에서 모두 "위로"로 번역된다. 물론 욥기 42장 6절에 쓰인 '나함'은 '니팔형'으로 쓰였다. 그리고 나머지의 경우엔 모두 '피엘형'으로 쓰였다. 이것을 근거로 어근 '나함'의 '니팔형'은 "회개"나 "참회"를 뜻하고, '피엘형'만이 "위로"를 뜻한다고 할 지도 모르겠다. 하지만 '나함'의 '니팔형'을 사용하고 있는 창세기 24장 67절과 38장 12절은, 모두 "위로"를 얻었다는 의미로 번역된다. 그러므로 욥기 42장 6절에서만 "회개"로 번역될 필요는 없어 보인다. 다시 말해, 주님께 대하여 귀로만 듣던 욥이 눈으로 주님을 뵈오며 티끌과 재 가운데 '나함'했다는 욥기 42장 6절의 말씀은 비단 욥이 "회개"를 했다고 보기보다, 하나님의 "위로"를 받았다고 보는 편이 더 자연스럽다고 할 것이다(송민원, 『지혜란 무엇인가』, 173-8 참조).

bum tuum"(주의 종이오니 말씀대로 내게 이루어지이다[눅 1:38])

그러므로 그레고리 대제의 위로의 말은 '역사'보다 '우의'를 신뢰하는 사람들에게, '현실 세계'보다 '거꾸로 된 세계'를 사는 욥과 같은 사람들에게 다음과 같이 덧붙인다.

> 향유가 흔들리지 않으면 멀리까지 제 향기를 보낼 수 없고 유향이 불에 살라지지 않으면 제 향을 날리게 할 수 없듯이 거룩한 이들의 덕스런 향기도 고난 속이 아니면 퍼지지 않습니다. 겨자씨 하나가 으깨어지지 않고 남아 있으면 가진 맛이 알려질 수 없지만 으깨어지면 제 안에 숨어 있던 맛이 모두 드러납니다.
>
> 이처럼 성도들도 시련을 겪기 전에는 누구나 용렬한 사람 같지만 고통의 방아 돌에 으깨어지기 시작하면 곧바로 자신의 맛과 향을 드러냅니다. 처음에는 가치 없고 약해 보이던 것이 모두 덕의 열성으로 변하는 것입니다. 평온한 때에는 제 안에 고요히 간직되던 것 모두가 고통을 겪게 되면 시련으로 인해 드러납니다. 주님은 당신의 자비를 한낮에 보내십니다.
>
> 그러나 그 자비가 드러나는 때는 밤입니다(서문, II, 6).

9

고백자 막시무스(c.580-662)의 『수덕서』

한 번 쓰고 싶었다. 투박한 글이든 뭐든 좋다.

소박한 필체?
다소 헐렁한 전개?
주변의 평단(評團)?

중요치 않다. 그저 쓰고 싶었다, 남기고 싶었다, 고백자, 유배자, 비잔틴의 수도사, 교부 신학자, 막시무스. 내 신학의 마티에르(matière), 내 기룬(한용운 시인의 용어) 것, 내 동경의 한 가지 원천. 거기에 난, 그 사람에게 난 … 걸어가면서(行) 쌓여가는(聯) 글을 한 번 입혀보고 싶었다.

동경 … 인간의 가장 정직한 성품은 동경이라고 했던가?

90세 노년의 독일 철학자 에른스트 블로흐는 한 인터뷰에서 이렇게 말했다.

> 나는 지금껏 살아오면서, 인간이 지닌 단 하나의 정직한 성품이 동경이란 것을 알았습니다.

인간은 거짓으로 많은 것을 꾸며낼 수 있다. 사랑을 가장할 수 있다. 예의도 거짓으로 포장할 수 있다. 남을 돕는 것도 마찬가지다. 얼마든지 이기적인 동기로 자선 활동을 펼칠 수 있다. **그러나 단 한 가지, 동경은 조작이 안된다.**

오늘날 많은 현대인은 자신의 삶을 온통 화려하게 장식한다. 아니, 그래야만 직성이 풀리나 보다. 휴가나 여행이라도 가는 날엔 가히 환상적이다!

페이스북, 인스타그램, 블로그, 유튜브. 그들은 연일 다급하다. 그들의 삶의 주야(晝夜)를 회칠(灰漆)해 댄다. '가상'이란 지면(地面)을 지면(紙面)삼아 그들의 별 볼일 없는 인생에 주·흑·황의 색(色)을 먹인다.

왜곡한다. 과장한다. 감춘다. 숨긴다. 휴가 중에 남편과 싸운 일. 아내와 틀어진 일. 별 볼일 하나 없던 여행. 특별할 것 전혀 없었던 음식. 자녀와 줄곧 감정이 상했던 일. 겉으로는 한없이 웃고 여유롭고 즐거워 보이고 다정해 보이지만, 그들의 속사정은 다르다. 어쩌면 그저 그랬을지도 모를 그들의 휴가, 다분히 실패한 그들의 여행, 좀처럼 개선의 여지가 없었던 그들의 시간, 그들의 관계, 그들의 인생. 현대인들은 이렇게 감춘다. 숨긴다. 가장한다. **그리고 동**

경한다.

　세상 속 '나'들의 인생은 모두가 진부하다. 현실적이다. 지극히. 그리고 지독할 정도로 평범하다. 예민하기도 하고 무디기도 하고 정신적이기도 하고 육체적이기도 한 세상 속의 모든 '나'들의 인생. 그들의 인생은 실상이 다 그렇고, 그저 그렇다. 그래서 그들의 인생을 단지 '있게' 하지 않고, '동경'하게 한다.

　좀 더 정확히 말하자면, 그들은 동경하면서 힘을 얻는다. 생명력을 움 틔우고, 변하려고 다짐하며, 동경한 그 '것'이 언젠가 내 삶의 '진실'이 되기를 끊임없이 경모(傾慕)한다.

　그렇다!

　동경엔 도무지 과장이 없다. 꾸밈이 없다. 조작이 없다. '나'는 내가 동경하고 있는 것 그 자체다.

　그대는 지금 무엇을 동경하고 있는가?
　그대의 동경은 지금 무엇을 그대에게 주고 있는가?
　그대가 동경하는 것 안에서 그대는 지금 무엇을 찾고, 얻으며, 발견하고 있는가?

　7월의 초복(初伏)이 지난 어느 시점, 이 글을 정성껏 입히고 있는 '나'(필자)는 7세기의 한 그리스도인을 무척 동경한다. 그는 예수 그리스도의 참 하나님 되심과 참 인간되

심의 진리(양의론)를 고백한 뒤, '신체 절단형'이란 극형을 받은 사람이다. 그리고 고대 기독교 영성 전체를 종합한 대통합과 조화의 영성가로 잘 알려진 사람이다.

나(필자)는 이 사람, 이 고백자 막시무스를 오랫동안 동경해 왔다. 아니, 그 사람이 동경한 예수를, 예수의 겟세마니의 싸움(agon)을 무척이나 오랫동안 동경해 왔다. 이 동경이 언젠가 내게 더 큰 힘이 되길, 더 커진 생명력이 되길, 내 삶의 진실이 되길, 어제에 이어 오늘 또 바라고 되새기며, 지금부터 내가 동경한 이 사람, 고백자 막시무스를 소개한다.

1. 극형을 마다하지 않았던 고백자 막시무스

기독교 영성사에서 7세기에 가장 빛났던 동방교회의 수도사를 꼽는다면 단연 요한 클리마쿠스일 것이다. 그러나 같은 질문을 기독교 교리사에서 묻는다면 이야기는 사뭇 달라진다. 시나이 산에서 거의 평생 동안 은수생활을 한 클리마쿠스가 아니라, 수도생활을 하면서도 7세기에 일어난 그리스도론 논쟁에 적극적으로 뛰어든 고백자 막시무스가 동방교회의 가장 빛나는 7세기 수도사로 손꼽힐 것이다.

고백자 막시무스는 580년경에 태어났다. 그러나 그가 태어난 곳과 그의 유년시절은 여전히 베일에 싸여 있다. 일부 부정적 사료(史料)에 따르면, 고백자 막시무스는 사마리아인 상인 아버지와 노예 어머니에게서 태어나 팔레스타인에서 자랐다. 그는 열 살쯤 되었을 때 예루살렘 수도원에 들어가 그곳에서 오리겐의 작품을 연구했다. 그러나 614년경 페르시아 제국은 예루살렘을 점령했고 고백자 막시무스는 소아시아 북서쪽으로 이주했다. 그곳에서 그는 오늘날의 튀르키예 발리케시르 주(Balıkesir ili)인 키지코스(Cyzicus)에 정착했고 비잔틴 제국 황실과의 관계를 맺는 극적인 삶의 전환기를 맞았다.

반면, 고백자 막시무스에 대한 긍정적 사료(史料)에 따르면, 그는 콘스탄티노플의 귀족 가정에서 태어나 비잔틴 제국에서 고등 교육을 받으며 자랐다. 그러다 서른 살쯤 되었을 때, 즉 7세기 초 헤라클리우스가 황제(재위 610-641)로 통치를 시작한 지 얼마되지 않은 시점에, 황실의 고위 관리가 되었다. 결국 어떤 역사적 자료를 사용하든 한 가지는 분명하다. 고백자 막시무스는 강력한 황실 세력의 지원을 받아 고위 관료직에 올랐다.

하지만 626년 봄, 그는 제국의 관직을 버리고 키지코스에서 키프로스(Cyprus)로 이주한 다음, 크레타(Crete)를 거쳐 북아프리카로 이주했다. 그리고 그곳에서 머무는 동안 새롭게 대두된 두 이단, 즉 '단활설'(monoenergism)과 '단의설'(monotheletism)을 논파하며 신학자로서 명성을 633년부터 634년까지 쌓아 올린다. 참고로, 단활설과 단의설은 451년 칼케돈 공의회를 통해 이단으로 정죄된 '단성설'(monophysitism)의 변종으로, 예수는 인간의 활동이나 의지가 없고 오직 신의 활동과 의지만 있다는 주장이다.

허나 이처럼 인간적인 면모가 전혀 없다면 예수는 참된 인간일 수 없다. 따라서 정통 칼케돈 교의를 옹호한 고백자 막시무스는 단활설과 단의설을 반대했고 649년경 라테란(Lateran)에서 열린 공의회에 참석해 이들을 단죄하는 데 앞장섰다.

그러나 이단을 근절하려는 그의 노력이 물거품이 되는 데는 그리 오랜 시간이 걸리지 않았다.[1] 당시 비잔틴 제국의 황제였던 콘스탄스 2세(재위 641-668)가 이단설을 지지하고 있었기 때문이다. 우선 콘스탄스 2세는 653년 막시무스를 체포하여 대역죄로 기소했고, 그로부터 2년 후인 655년에는 트라키아(Thracia)의 비지아(Byzya)로 추방했다. 그리고 662년에는 콘스탄티노플로 그를 재소환해 정통 교의를 버리고 제 목숨을 구하라는 마지막 회유를 시도했다. 하지

---

[1] 고백자 막시무스의 가르침인 양의론(dyothelitism)은 그가 죽은 후, 보다 정확하게는 680-1년 콘스탄티노플에서 열린 제6차 에큐메니칼 공의회에서 정통 기독교 교리로 확인되었다.

만 막시무스는 이에 굴복하지 않았고, 결국 자신의 혀와 오른손이 잘리는 극형에 처해진 채 흑해 동쪽 연안의 험준한 산악지역(캅카스의 라지카)으로 유배되었다.

그리고 그곳에서 같은 해 8월 13일 병사(病死)했다. 훗날 교회는 이처럼 목숨을 내걸고 정통 교리를 고백한 막시무스를 기리며, 그에게 "고백자"란 칭호를 부여했다.

2. 우리가 고백해야 할 진리, 우리가 삶으로 살아내야 할 사랑

기독교 교부들은 복음을 자신의 삶으로 풀어낸 사람들이다. 단순히 말만 한 것이 아니라 삶 자체로 복음을 살았단 뜻이다. 고백자 막시무스처럼 이 말에 부합한 사람이 또 있을까? 세상에서는 거짓이 진리를 누르고 악이 선을 이기는 것 같다. 그래서 세상을 살다 보면 쉽게 분노와 미움이 차오른다. 그러나 그리스도인으로 살아가야 할 우리에게는 세상의 불의와 가혹한 박해 속에서도 고백자 막시무스가 그랬던 것처럼 결코 침묵해선 안 될 진리와 사랑이 있다.

고백자 막시무스는 세상의 시달림을 많이 겪었다. 이런저런 소음들, 말들, 힘들. 그런 것들이 함부로 뿜어내는 강한 자극에 마음과 몸과 영혼이 다쳤다. 하지만 결국 세상을 끌어안는 것도 세상에서 다친 약한 존재가 아니던가!

그는 세상에서 예쁘고, 약하고, 슬픈 것들이 사랑하고 또 사랑받으며 살 수 있도록 대신하여 시달림을 받은 분. 곧 겟세마니의 예수를 붙잡았고, 닮아갔고, 그분이 사랑으로 품은 거친 들판(세상)을 끌어안았다.

온갖 모욕과 수치를 당하는 중에도 성경을 더 붙잡았고, 성사, 전례, 금욕, 신비 생활을 포함한 영성 생활에도 깊이 관여했다. 이 지난한 과정에서 그는 90편이 넘는 작품을 썼고, 현재는 그중 일부가 남아 『필로칼리아』 제2권에 수록되어 있다.

18세기 후반 그리스 아토스 성산의 수도사 니코데무스(Nicodemus the Hagiorite)와 고린도의 수도사 마카리우스(Macarius of Corinth)는 4세기에서 15세기 수도사들의 금언을 수집하여 『필로칼리아』를 출판했다. 이 책의 2권에 수록된 고백자 막시무스의 작품은 다음의 네 가지가 있다.

(1) 626년에 키지코스에서 저술한 『사랑에 관한 400편의 본문』
(2) 630-34년 사이에 북아프리카에서 저술한 『신학과 하나님의 아들의 성육하신 섭리에 관한 200편의 본문』
(3) 628-34년 사이에 북아프리카에서 저술한 여러 편의 해설 및 비평들의 선집인 『신학, 하나님의 경륜, 덕과 악덕에 관한 본문』

(4) 628-30년 사이에 저술한 『주님의 기도에 관하여』

하지만 고백자 막시무스의 삶과 신학, 영성을 대표하는 작품에는 『필로칼리아』에 수집된 작품 외에도 『신비안내서』와 『수덕서』가 있다.

이 중에서 나(필자)는 특히 맨 마지막 작품, 『수덕서』를 통해 오랫동안 동경한 고백자 막시무스의 예수, 그리스도인인 우리에게 진리이며 우리의 삶으로 반드시 살아내야 할 사랑의 표상인 예수의 겟세마니 싸움(agon)을 살펴보고자 한다.

"De eo quod scriptum: est Pater si fieri potest transeat a me calix"(아버지 하실 수만 있으면 이 잔이 저를 비켜 가게 해 주십시오).

우리가 보통 '겟세마니의 기도'라고 부르는 이 구절을 교부들은 '겟세마니의 싸움'이라고 불렀다. 내 뜻과 하나님의 뜻 사이, 즉 사람과 하나님 사이에 싸움이 그곳에 있기 때문이다.

그런데 이 구절에서 등장하고 있는 싸움은 조금 독특하다. 이 싸움에는 상대가 없다. 애초에 상대를 이기거나 굴복시키기 위해 벌어진 싸움이 아니다. 이 싸움은 상대가 없는 싸움. 아니, 상대를 상정하지 않는 싸움. 즉, 자신과의 싸움이다. 그리고 본질적으로 져야 끝난다. 죽어야 마감된다. 교부들이 이 싸움을 헬라어 '아곤'(*agon*)이라고 부른 데는 그만한 이유가 있다. 말 그대로, 이 싸움은 임종의 고통(*agon-y*)을 가지고 온다. 왜냐하면, 모든 싸움 중에 가장 힘든 것이 바로 자기 자신과의 싸움이기 때문이다.

그렇다면 예수는 왜 이렇게 독특한 싸움을 한 것일까?

상대가 없는 싸움, 자신과 싸워서 져야만 하는 싸움, 임종의 고통이 가차 없이 솟구치는 싸움. 예수는 대체 왜, 도대체 왜 그렇게 길고 아득한 싸움을 홀로 감행한 것일까?

『수덕서』에서 고백자 막시무스는 그 이유를 다음의 세 가지로 설명한다.

첫째, "온전한 사랑의 업적"을 보여주기 위해서,
둘째, 미움이 아닌 "사랑을 보여주고 선으로써 악[을] 타격"하기 위해서,
셋째, "사랑의 계명"을 이루어 "옛 인간을 새롭게" 하기 위해서 (『수덕서』, 12).

결국, 『수덕서』를 통해서 고백자 막시무스가 설명하고자 한 것은 무엇인가?

겟세마니의 싸움은 본질적으로 우리를, 하나님과 원수된 우리(롬 5:10)를 '사랑'하기 위해 - 또한 사랑하기 때문

에-벌어진 싸움이란 것이다. 달리 말하면, 겟세마니의 기도는 예수의 싸움 방식, 그리스도의 원수 사랑의 방식이란 뜻이다.

우리를 미워하는 사람들을 증오로 대하는 것은 어렵지 않다. 우리와 끈질기게 열전(熱戰)을 벌이는 상대에게 크고 맹렬한 반격을 가하는 것도 어렵지 않다. 어쩌면 그것은 우리가 이미 그런 싸움에 능숙하기 때문일지도 모른다.

그러나 예수는 겟세마니에서 우리와 전혀 다른 싸움을 싸운다. 이 싸움은 모든 싸움에 상대가 있다고 계산하는 우리의 오래된 관성을 '벗어난' 싸움이다. 상대를 능숙하게 밀어붙이던 우리의 옛 기술을 '버리는' 싸움이다.

그렇다!

예수의 겟세마니에서 싸움은, 우리의 모든 싸움을 처음부터 우리만 죽으면 되는 싸움으로 바꾸어 놓는다. 그리고 우리를 사랑하기 위해 자신의 한계 너머까지 '벗어나고' '비우신' 분의 사랑 가까이로 우리를 부르고, 거기 "머물러" "깨어 있으라"고 명한다(막 14:34).

우리는 이 '머물러 깨어 있음'에서 오는 몸의 부침(浮沈)을 잘 알고 있다. 그것이 얼마나 무겁고 힘겨운지, 또 얼마나 영적으로 불편한지 경험으로 알고 있다. 이는 사도들에게도 마찬가지였다. 그들도 그렇게 하기를 주저했다. 이 기이한 싸움이 벌어지던 겟세마니 동산의 정원 위에 있지 않았고, 잠시도 거기서 깨어 있지 않았다. 사도들도 결국 우리처럼, 기도(싸움=agon)하지 못했다. 예수의 싸움을 싸우지 못했고, 따라서 사랑하지 못했다.

그러므로 겟세마니에 머무는 일은 누구에게나 쉽지 않다. 예수가 쟁취한 사랑을 향해 깨어 있는 일도 어렵긴 매한가지다. 어느 것 하나 간단한 것이 없고, 고되지 않은 것이 없다.

하지만.

그렇지만!

나(필자)는 동경한다.

아직도 동경하고 있고, 여전히 동경하고 있으며, 앞으로도 동경할 것이다.

겟세마니에 오르는 이들이 더 많아지기를!

예수의 싸움, 겟세마니의 싸움, 그리스도의 사랑 방식을 따라 아버지의 뜻 위에, 안에 그리고 곁에 나의 뜻을 매는 마음이 세상 속에 부유(浮遊/富裕) 하기를!

그리하여 하나님의 뜻이 예수 안에 깨어 있고, 예수의 사랑을 통해 육화(肉化)한 것처럼!

우리 안에 깨어 있고, 우리의 사랑을 통해 세상 가운데 무람없이 드러나기를 동경한다.

비잔틴의 그리스도인 막시무스처럼!

하나님으로서 그들의 의도를 아신 주님은 악마에게 부추김 받은 바리새인들을 미워하지 않으셨다 … 오히려 그들에게 그침 없이 선을 행하셨다. 모욕당하면서도 온유하셨고 고통받으면서도 견디셨으며 그들에게 온전한 사랑의 업적을 보여주셨다. 부추김 받은 이들에게 관대하심으로써 부추긴 자에게 복수하셨다.

오! 역설적인 싸움이여!

미움 대신에 사랑을 보여주시고 선으로써 악마를 타격하셨다. 악을 견뎌 내시면서 사랑의 계명 때문에 인간 본성에 따라 죽음에 이르기까지 싸우셨고 악마에게 완전한 승리를 거두셨으며 우리를 위해 부활의 화관을 받으셨다. 이렇게 새 아담은 옛 인간을 새롭게 하셨다. 이것이 거룩하신 사도께서 '그리스도 예수께서 지니셨던 바로 그 마음을 여러분 안에 간직하십시오'(빌 2:5)라고 말씀하신 뜻이다 (고백자 막시무스, 『수덕서』, 12).

10

무명의 그리스도인(c.1345-1386)의 『무지의 구름』

　영국 동부 미들랜드에 사는 카르투시오 사제이자 은둔자였을 것으로 추정되는 무명의 그리스도인은 『사랑의 불길』의 저자인 리차드 롤(Richard Rolle), 『완덕의 계단』의 저자인 월터 힐튼(Walter Hilton), 『신적 사랑의 16가지 계시』의 저자인 노르위치의 줄리안(Julian of Norwich)과 더불어 14세기 영국을 대표하는 주요 신비가로 손꼽힌다.

　무명의 그리스도인이 기록한 작품으로는 『무지의 구름』 외에도 『추밀원 서한』, 『기도의 편지』, 『영분별론』 등이 있으며, 이들은 모두 14세기 중세 유럽의 잦은 전쟁과 사회 불안, 민중 반란, 역병(흑사병), 아비뇽 유수, 대분열 등 역사적 격변의 한가운데서 신의 사랑과 내적 평화를 이루기 위해 고군분투한 익명의 영국인 사제의 기도와 영성을 담고 있다.

　책의 제목에서도 알 수 있듯이, 『무지의 구름』은 상당히 신비주의적이고 명상적인 지혜를 담고 있다. 허나 위클

리프 논쟁(Wycliffe controversy) 이후 대두된 인문주의, 르네상스, 개신교 종교개혁, 계몽주의는 가장 정통적인 기독교 공의회의 저술을 제외한 나머지 전통의 권위에 심각한 의문을 표했다. 특히 중세 신비가나 영성가의 저술이 지닌 영적인 권위가 가장 손쉽게 무시당하곤 했는데, 『무지의 구름』도 예외는 아니었다.

하지만 20세기 이후, 바야흐로 기독교 영성의 대부흥이 도래하면서 14세기 어간의 네덜란드, 영국, 프랑스, 스위스, 독일, 이탈리아, 스웨덴, 그리스 등, 중세 유럽의 주요 신비가들의 저술이 재조명되기 시작했다. 그중 영국의 이름 없는 사제의 글 『무지의 구름』은 20세기를 대표하는 현대 영성가이자 『칠층산』의 저자로 잘 알려진 트라피스트 수도승 토머스 머튼(Thomas Merton)에 의해 큰 명성을 얻고 기독교 영성 훈련의 실용적인 지침서로 활용되고 있다.

총 75장으로 구성된 『무지의 구름』은 초심자에게 하나님을 묵상하는 기술에 대해 가르치는 가이드 북이다. 특히 부정신학을 통해 알려진 기독교 신비주의 전통에 기반을 두고 있다. 부정신학이란, 질그릇이 토기장이의 마음을 결코 알 수 없듯이, 피조물의 일부인 인간도 창조주 하나님의 마음을 결코 알 수 없다는 것이다. 인간의 감각, 상상력, 이성은 하나님에 대해 어느 정도 알 수 있지만 성경의 도움이 있더라도 하나님에 대한 온전한 지식은 인간의 능력을 넘어선다. 하나님은 신비 그 자체이시다.

그러나 『무지의 구름』은 하나님에 대한 인간의 묵상이 단지 무지로 끝나선 안된다고 말한다. 물론 이성의 차원에서 보자면, 인간은 하나님을 이해할 수 없다. 신비로 남아 계신 하나님을 이성적으로 묵상할 때 인간이 도달할 수 있는 가장 높은 경지는 무지일 뿐이다. 허나 마음의 차원에서, 사랑을 매개체로 하나님을 묵상하면 인간은 무지 중에서도 어떠한 상상이나 망각과도 혼합될 수 없을 만큼 명료한 묵상의 영역에 들어설 수 있다고 무명의 그리스도인은 말한다.

당신이 묵상을 훈련하려고 애쓸 때마다 "유식한 신학자들이 … 당신에게 무슨 유익이 되겠습니까?"(45장).

"이 지상의 삶에서 하나님께 도달할 수 있는 것은 앎이 아니라 사랑뿐이기 때문"(8장)에 당신은 "신실하고 기쁜, 그리고 열정적인 사랑으로 당신 위에 있는 그 어두움을 꿰뚫기 위해 애써야 합니다 … 그 두꺼운 무지의 구름을 찔러야 합니다"(6장).

『무지의 구름』은 하나님을 묵상하는 그리스도인의 훈련이 "교만하고 사변적이며 지나치게 상상하기 좋아하는 이론에 의해" 이뤄질 수 없다고 가르친다(4장). 도리어 그것은 무지 속에서, 즉 하나님의 신비를 인간이 꿰뚫어 볼 수 없다고 하는 앎의 결핍 속에서 "경건하고 겸손하며 소박한 사랑"에 순순히 머무는 일, 즉 하나님과 이웃을 향한 사랑의 눈먼 충동으로 기다리는 일 외에 다른 어떤 것이 아니라고 가르친다.

그렇다면 세상이 알지 못하는 하나님, 그 하나님의 신비에 도달하기 위한 사랑은 무엇이며, 그분을 온전히 묵상하기 위해 우리가 머무르고 기다려야 할 기다림은 어떤 것일까?

한 가지 비유와 한 편의 영화를 통해 조금 더 알아보자.

1. 열 처녀의 비유: 참된 기다림, 사랑의 기다림

열 처녀의 비유(마 25:1-13)를 보면, 기다림의 의미에 대해 많은 생각을 하게 된다. 기다림. 기독교 역사 속에서 기다림과 관련된 가장 큰 주제는 아마도 대림일 것이다. 이른바 도착을 의미하는 대림, 라틴어로는 아드벤투스(*adventus*). 기독교의 대림은 예수 그리스도의 탄생과 재림의 도착을 기다린다는 의미를 지닌다.

구세주의 대림은 온 인류가 대망하는 최고의 기적이다. 인류를 향한 하나님의 가장 큰 축복이고 사랑이며 은총의 절정이다. 그래서 대림절이 포함된 12월은 한 해의 마지막 달이지만 교회력으로는 예수 그리스도의 대림(현재는 재림)

을 기다리는 시작의 달, 첫 달이 되었다. 사도 마태가 기록한 열 처녀의 비유는 바로 이런 기다림의 의미를 우리에게 전해준다.

열 처녀의 비유에는 예수님 당시의 일반적인 결혼 풍습이 담겨 있다. 1세기 유대 사회에서 남녀가 약혼을 하면, 그 둘이 혼인 예식을 올리기 전까지 약 1년 간의 준비기간을 거친다. 그렇게 1년 간의 준비를 거치고 마침내 때가 되면 신랑은 친구들과 함께 신부를 데리러 온다. 그리고 신부는 신랑과 신랑의 친구들과 함께 등을 들고 신랑의 집으로, 성대한 혼인 잔치가 열리는 거룩한 내실로 들어가게 된다.

이 같은 결혼 풍습은 구약성경의 호세아나 아가 뿐만 아니라 신약성경에도 종종 등장한다. 특히 종말론적인 상징의 일환으로 등장하는데, 한 가지 차이가 있다면 구약에서는 신랑이 하나님이고 신부가 이스라엘이었다면, 신약에서는 인자(예수)가 신랑이고 교회가 신부로 여겨신다.

이스라엘과 교회는 그들의 신랑이 되신 메시아의 오심을 기다리고 준비해야 한다. 만일 그들이 어리석은 처녀와 같이 아무런 채비를 하고 있지 않는다면, 그들의 오랜 기다림은 허사가 되고 말 것이다. 그토록 대망한 신랑을 맞이할 수 없기 때문이다.

사도 마태는 열 처녀의 비유를 통해 어리석은 처녀의 허망한 기다림을 묘사한다. 특별히 슬기로운 처녀와의 미묘

한 대비를 통해 이를 묘사하고 있는데, 이 비유는 우선 당시 예수님을 신랑으로 받아들이지 못했던 유대인들의 어리석음을 드러내려는 데 목적이 있다. 하지만 거기에는 또 다른 목적이 있다.

즉, 예수님의 재림이 늦어지게 되면서 초기 마태 공동체 내부에 일어나게 된 문제들, 특히 그분의 다시 오심에 대한 그들의 흔들리는 신앙을 바로잡는 문제, 다시금 그들이 희망을 잃지 않도록 확신을 불어넣는 문제, 그리하여 그들이 여전히 주님 앞에 신실하고 충실한 그리스도인이 될 수 있도록 하는 문제를 슬기롭게 대처하고, 더 나아가 참된 기다림의 모습이 무엇인지를 온전히 가르치는 데 목적이 있다.

열 처녀의 비유에서 슬기로운 처녀와 어리석은 처녀는 둘 다 등을 준비한다. 둘 다 신랑을 맞이할 채비를 정성을 다해 갖춘 셈이다. 그런데 문제는 신랑이 오자 슬기로운 다섯 처녀는 저마다 등을 챙겨서 신랑과 함께 혼인 잔치에 참여한 반면, 어리석은 다섯 처녀는 그들의 등에 불을 밝힐 기름이 없었단 것이다.

여기서 슬기로운 처녀가 등을 챙긴 행위, 즉 '챙긴다'는 말은 헬라어로 '코스메오'(κοσμέω)라고 한다. 무언가를 손질하다. 혹은, 잘 정돈하여 등 위에 불이 화르륵 붙을 수 있도록, 밝게 빛나는 불이 활활 타오를 수 있도록 하는 무언의 행위를 뜻한다. 그리고 기름은 옛 교부들, 특히 아우구스티누스에 따르면 사랑을 말한다.

다시 말해 슬기로운 다섯 처녀가 어리석은 다섯 처녀와 나누지 못한 기름(마 25:8-9)은 우리가 다른 사람에게서 쉽게 빌리거나 빌려줄 수 없는 그 무엇, 즉 사랑을 상징하고, 등을 챙기는 코스메오(κοσμέω)의 행위는 어둔 곳에 불을 붙여 빛을 밝히는 행위, 즉 네 형제나 자매를 용서하고 배려하고 친절을 베풀고 평화를 이루는 행실, 곧 착하고 선한 행실을 상징한다.

누구나 사랑하는 이를 기다린다. 그리스도인이라면, 예외 없이 신랑 되신 예수를 기다린다. 하지만 열 처녀의 비유는 우리 모두가 같은 모습으로 같은 분을 기다리고 있지 않다는 것을 보여준다. 슬기로운 다섯 처녀만이 온전한 기다림의 본을 보여주었다. 그들은 어둔 곳을 빛으로 밝힐 수 있는 사랑이란 이름의 기름을 정성껏 준비했다. 그리고 그 사랑이 활활 타오를 수 있도록 착한 행실로 그들 자신을 정성껏 손질했다.

그리하여 저 먼 곳으로부터 신랑이 올 때 신랑의 올 길을 환히 밝혀 둘 수 있었고, 그리하여 신랑과 신랑의 친구들의 도래를 알아볼 수 있었고, 마침내 신랑과 함께 오랜 기다림의 어둠을 뚫고 거룩한 내실로, 천국 혼인 잔치로 들어갈 수 있었다. 오직 슬기로운 다섯 처녀만이 그들의 오랜 기다림이 헛되지 않는 준비를 했다. 다시 말해, 열 처녀의 비유를 통해 우리가 배워야 할 기다림, 곧 신랑 되신 예수의 도착을 기다리는 그리스도인의 참된 기다림이란 그 속에 사랑과 선한 행실의 채비가 있는 것이어야만 한다.

사도 요한은 요한일서 4장 7-8절에서 이렇게 말한다.

> 사랑하는 여러분, 서로 사랑합시다. 사랑은 하나님에게서 난 것입니다. 사랑하는 사람은 다 하나님에게서 났고, 하나님을 압니다. 사랑하지 않는 사람은 하나님을 알지 못합니다. 하나님은 사랑이시기 때문입니다(요일 4:7-8).

우리가 사랑할 때 사랑이신 그분(신랑)을 깨닫게 된다. 우리가 가만히 앉아서 다만 기다리는 것이 아니라, 선하고 착한 행실을 챙김(코스메오)으로써 어두운 곳을 빛으로 밝힐 때, 그때에 비로소 우리는 사랑이신 그분의 오심을 알고, 그분과 더불어 종말의 혼인 잔치에 참여하게 된다.

사랑이 하나님을 알 수 있는 길이다. 하나님의 오심을 기다리는 길이며, 그분의 나라로 향하는 길이다. 14세기 후반의 작자 미상의 책 『무지의 구름』이 하려고 하는 이야기도 바로 이와 같다. 우리의 신랑 되신 하나님은 무지의 구름 너머에 계신다. 언제나 그분이 올지 우리는 알 수 없다. 아니, 알지 못한다. 우리의 인간적인 지성이나 이성이 그 빽빽한 구름 너머에 계신 분의 대림을 알 길이 없다. 그러나 오직 한 가지, 사랑으로써 우리는 그분의 계심, 오심, 대림, 재림을 알고 깨닫고 체험하며 그분의 거룩한 내실로 들임 받을 수 있다.

2. 장이머우 감독의 <5일의 마중(归来)>

<5일의 마중(归来)>은 2014년에 개봉한 중국 영화다. 문화 대혁명의 시기, 가슴 아픈 이별을 겪은 펑완유(공리)와 루얀시(진도명)의 가슴 절절한 사랑과 기다림을 주제로 한 영화다. 이 영화의 줄거리를 잠시 개괄하자면, 우선 남편 루얀시는 중국의 문화 대혁명 시기에 교수로 있다가 나중에 사상범으로 몰려 감옥에 들어간다.

가까스로 탈출을 하지만, 당시 아버지와 별다른 정이 없는 루얀시의 어린 딸이 자기가 반동분자로 몰릴 것을 두려워하여 아버지를 신고한다. 그리고 이내 루얀시는 감옥으로 재차 잡혀 들어간다.

몇 해가 지났을까?

루얀시는 무죄 판결을 받고 집으로 돌아온다. 하지만 이때 아내 펑완유는 어린 딸의 고발로 충격을 받고 심각한 기억 장애를 겪고 있었다. 병명은 심인성 기억 장애! 펑완유는 남편을 기억하지 못한다. 아내의 기억을 되돌리고자 무수히 많은 노력을 했지만, 펑완유가 기억하는 것은 오직 남편의 편지에 적힌 한 줄, 5일에 돌아온다는 약속이었다. 그래서 펑완유는 눈이 오나 비가 오나 매달 5일만 되면 어김없이 기차역으로 나간다. 그리고 그곳에서 하염없이 남편을 기다린다.

아내의 기억은 돌아오지 않는다. 끝내 돌아오지 않는다. 남편 루얀시도 모든 것을 포기한다. 단지 아내의 옆집 아저씨로 살면서 그녀의 끝이 없는 기다림에 동행자가 되어줄 뿐이다. 영화의 마지막도 그 기다림의 한 컷을 우리에게 전해준다. 남편 루얀시는 눈이 펑펑 내리는 날, 아내를 인력거에 태우고 또다시 기차역으로 나간다. 부부의 얼굴에 깊이 패인 주름이 대체 얼마나 수많은 세월 동안 이들의 기다림이 지속되고 반복되었는지를 가늠하게 해준다.

매달 5일이 되면, 아내와 함께 자신의 이름이 적힌 손 팻말을 들고 서 있는 남편 루얀시. 모든 승객이 다 빠져나갈 때까지 자신이 기다리는 남편을 옆에 두고도 하염없이 남편을 기다리는 아내 펑완유. 그들은 기다린다. 하염없이. 기억을 잃은 아내 펑완유는 남편과 함께 있지만 남편을 기다린다. 그 끝 모를 기다림. 그러나 그 기다림이 외롭지 않도록, 그 기다림이 홀로 되지 않도록 자신을 알아보지 못하는 아내 곁에 우두커니 선 남편. 이 기다림, 이 그리움, 이 망각, 이 사랑이 이 영화 <5일의 마중(归来)>의 주제다.

우리 그리스도인은 모두 기다린다. 주님의 오실 날을 기다린다. 그분을 갈망하고, 그분을 그리워하며 하염없이 기다린다. 구약의 예언자들은 그분이 오실 것이라고 말했고, 신약의 주님은 당신이 임마누엘의 주가 되어 우리 가운데 이미 와 계신다고 말씀했다. 허나 어리석은 다섯 처녀와 같은 우리는 그리운 남편(루안시)을 옆에 두고도 끊임없이 남편(루안시)을 기다리는 영화 속 주인공 펑완유처럼 해마다 대림절이 되면 그리운 신랑(주님)을 향한 기다림을 계속하고 있다.

우리는 이성과 지성, 인간의 지혜 그 무엇으로도 하나님을 알아볼 수 없다는 것을 알아야 한다. 그분을 우리 곁에 두고도 만날 수 없다는 것을 깨달아야 한다. 우두커니 우리 곁에 선 신랑. 그 신랑의 하염없는 사랑. 그 사랑으로 돌아서지 않으면, 그 사랑 안에 온전히 거하지 않으면, 그리하여 무지의 구름에 켜켜이 둘러싸여 있으면, 우리는 그분을 알아볼 길이 없다.

그분의 사랑이 우리의 간절함이 되고 우리의 행실이 되어 우리의 삶 속에서 그분의 임마누엘 하심이 밝히 드러날 수 있기를. 슬기로운 다섯 처녀와 같이 우리 곁에 이미 오신 신랑을 사랑으로 맞이할 수 있기를. 이 땅의 수없이 많은 펑완유에게, 어리석은 다섯 처녀에게 사랑을 요청한다. 선하고 착한 행실을 요청한다.

모든 훈련에 있어서 가장 중요한 것은 … 영적 수행이 초래하는 작고 은밀한 사랑입니다 … 그것[사랑]이 하나님에 의해 그들이 관상 수행으로 부르심을 받고 있다는 표시입니다. 그렇지 않은 경우는 부르심이 없는 것입니다 … 성 아우구스티누스는 이 거룩한 갈망[사랑]과 관련하여 이렇게 말합니다. "선한 그리스도인들의 삶 전체란 바로 거룩한 갈망[사랑]들 외에 다름이 아닙니다"(무명의 그리스도인, 『무지의 구름』, 75).

사랑 없이는 그대가 지니고 있는 모든 것이 그대에게 아무 소용이 없습니다. 그러나 그대, 이 사랑 하나만 지닌다면, 그것으로 넉넉합니다(아우구스티누스, 『요한 서간 강해』, 5.7).

11

토마스 아 켐피스(c.1380-1471)의 『그리스도를 본받아』

토마스 아 켐피스가 기록한 책 『그리스도를 본받아』는 사실상 더 이상의 설명이 필요 없는 책이다. 한 마디로 기독교 영성의 고전으로 손색이 없는 작품이란 뜻이다. 일례로 근대 기독교 영성의 대가 로욜라의 이냐시오(1491-1556)는 이 책을 평생 하루도 거르지 않고 읽었다고 전해지고 있고, 18세기 메소디스트 부흥을 견인한 존 웨슬리는 이 책이 천 번을 읽어도 결코 만족할 수 없는 고전이라고 평가했다.

얼마 전 작고한 유진 피터슨(1932-2018)도 이 책의 중요성을 다음과 같이 설명한다.

> 『그리스도를 본받아』를 읽는 순간 우리는 어째서 이 책이 누대에 걸쳐 영적 독서의 베스트셀러 목록 가운데 앞머리를 차지하고 있는지 깨닫게 될 것이다(Eugene H. Peterson).

현대 그리스도인들의 필독을 강력히 권하고 있는데, 이 참에 우리도 한 번 그 책의 구성과 내용을 살펴보며 그리스도를 본받는 삶을 묵상해 보자.

1. 켐펜 출신의 토마스

토마스 아 켐피스의 『그리스도를 본받아』는 지금껏 세계 50여 개 이상의 언어로 번역될 만큼 대중적인 사랑을 받아온 불멸의 기독교 고전이다. 이 책의 저자인 토마스는 1380년 독일 뒤셀도르프(Düsseldorf) 근처의 켐펜(Kempen)이란 도시에서 태어났다. 열 두 살이 되던 해, 그는 데벤터르(Deventer)로 건너가 그곳 출신의 로마 가톨릭 신학자인 플로렌스 라데웨인(Florentius Radewyns)의 집에 방문했다.

그곳은 아우구스티누스 수도회의 규칙을 평소 흠모해오던 헤이르트 호로테(Gerard Groote) 부제(집사, 순회 설교자)가 1380년경 설립한 '공동생활 형제단'(Fratres Vitae Communis)이 공동 생활을 하던 곳이었는데, 열두 살의 나이로 이곳에 입회한 토마스는 약 7년간 그곳에서 예수 그리스도를 본받기 위한 경건 생활에 몰두한다.

토마스가 '공동생활 형제단'에 입회할 무렵, 유럽 사회는 정치적으로 매우 힘겨운 시기를 보내고 있었다. 중세 십자군 운동의 여파와 부작용이 여전히 남아 있었고, 영국-프랑스 간의 100년 전쟁으로 인해 유럽 전체의 경제구조가 뿌리부터 흔들리고 있었다. 이 시기의 유럽 교회도 영적으로 상당한 위기 속에 있었다. 우선 세 명의 대립 교황(anti-Popes) 가운데 누가 참된 성 베드로의 정통 후계자인지를 두고 교인들 사이에서 갑론을박이 벌어졌다.

이 논쟁은 쉽게 멈출 줄 몰랐고 점차 수도원과 수녀원으로, 지역 교구의 장(長)이나 주교단에까지 삽시간에 퍼져 나갔다. 그런가 하면 기독교 신앙과 교육의 중심지가 파리나 이탈리아 등지의 종합대학(스콜라)으로 넘어가면서 유럽 교회의 고백신앙이 스콜라주의로, 이성 또는 합리주의적 형식의 세속 학문으로 빠르게 변모해 갔다.

열 두 살의 토마스가 켐펜에서 데벤터르로 건너가 '공동생활 형제단'에 입회한 때. 그때는 이러한 전방위적 혼란이 유럽 사회와 교회 전반을 붙잡고 좌우로 흔들던 시기였다. 이 시기에 어린 토마스는 시대의 격동에 휘말리기보다 기도와 노동 그리고 검소한 삶에 전념했다. 하나님과 하나가 되고자 힘썼고, 유럽 사회와 교회의 두 가지 문제, 즉 세속화와 분열에 맞서 하나님의 등불이 되고자 노력했다.

이러한 삶은 점차 유명해져 갔고 지금 우리가 알고 있는 그 이름, 즉 '켐펜 출신의 토마스'란 뜻의 Thomas à Kempis란 별칭을 얻는데 커다란 밑거름이 되었다.

스무 살 무렵, 토마스는 보다 더 경건하고 헌신적인 영성 생활을 하고자 데벤터르의 즈월레(Zwolle) 방벽 너머로 건너갔다. 그곳에서 그는 성 아그네텐베르크 수도원(아우구스티누스 수도회 소속의 한 수도원)에 입회하였고, 곧장 청빈, 사랑, 순종의 세 가지 덕목을 실천하기로 서약했다. 그리고 1413년에는 사제 서품을, 1425년에는 수도원의 부원장직을 맡아 1471년 92세의 나이로 하나님의 부름을 받기까지 수도사 교육, 저술, 성경 필사 등으로 주님을 섬기는 일에 충성했다.

2. 근대의 고전 『그리스도를 본받아』

토마스가 남긴 작품들 중 가장 중요한 책은 약 1420년에서 1427년 사이에 집필되었을 것이라고 추정되고 있는 『그리스도를 본받아』이다. 본래 라틴어로 기록된 이 책은 토마스 아 켐피스의 영적인 고백을 기록한 것이다. 혹자는 하나님과의 은밀하고도 내밀한 영적 대화를 '공동생활 형제단'의 창시자였던 호로테가 기록해 두었다가 이를 훗날 토마스가 편집한 것이라고도 말한다.

하지만 이 책의 최종 저자가 누구이든지 간에-아니, 그러한 저작설 논쟁과 상관없이 더 중요한 것은-가히 근대의 고전이라고도 불리는 『그리스도를 본받아』를 통해 우리 독자들이 하나님과의 영적인 사귐(영적 훈련)을 추구하는 데 필요한 여러 가지 필수적인 권고를 얻을 수 있다는 것이다.

크게 네 권으로 구성된 『그리스도를 본받아』는 총 114개의 짤막한 영적 권고(훈계)를 담고 있다. 제1권은 '정신 생활에 유익한 25가지 훈계', 제2권은 '내적 생활로 인도하는 12가지 훈계', 제3권은 '내적 위로를 위한 59가지 훈계', 제4권은 '존엄한 성체성사에 대한 18가지 훈계'를 다룬다. 특히, 제3권에 기록된 훈계는 기독교 영성 훈련을 위한 필수 지침으로서 많은 그리스도인들의 사랑을 받아왔는데, 거기서 우리는 토마스 특유의 '대화체 권고'를 엿볼 수 있다.

여기서 토마스 특유의 '대화체 권고'란, 토마스가 제3권에서 전개하고 있는 59가지의 개별 주제와 관련하여 어떠한 영적인 권고나 교훈을 주고자 할 때 항시 '주님의 말씀'과 '제자의 말'이라고 하는 대화의 형식을 활용한다는 것이다.

제3권에서 토마스는 그리스도를 본받고 그분을 따르는 삶과 사역을 다각도로, 즉 59가지로 조명한다. 그리고 참으로 그리스도의 제자가 되기 위해서는 예수의 행실을 모방해야 한다고 권고하는데, 특히 그분의 겸손, 자기 부인, 고난, 순종, 하나님과 이웃에 대한 사랑 등이 그 핵심이라고 할 수 있다.

한데 나(필자)는 이 갖가지 개별 사항들을 개별적으로 기술하거나 상세히 요약하기 보다는 하나님과 이웃에 대한 사랑의 한 측면으로서 토마스가 제57번째로 강조하고 있는 영적인 권고에 대해서, 그 한 가지에 대해서 조금 더 깊이 묵상하는 데 몰두하고자 한다.

『그리스도를 본받아』 제3권 57장 2절 '주님의 말씀' 편에서 토마스는 다음과 같이 말한다. "약한 사람이 걸려 넘어질 만한 말을 무절제하게 입 밖에 내지 마라." 그리고 같은 장과 편 3절에서 "나는 … 자신의 약함을 아는 사람들을 나의 신성에로 데려가 준다"라고 말한다. 그 다음 제3권 57장 4절 '제자의 말' 편에서 토마스는 다음과 같이 말한다.

> 제가 어떻게 하면 되겠습니까
> 저의 하나님, 저를 생각해 주소서. 저를 바른 길로 인도하시어 당신 나라로 데려다 주소서. 아멘.

위의 제3권 57장의 1-4장 권고는 '과실이 있다고 낙심하지 않음'이라는 주제 아래 하나님과 이웃 사랑에 관한 가르침을 토마스 특유의 '대화체 권고'로 풀어낸 것이다. 한 가지 특이할 점은 이 권고가 단지 '-하라' 또는 '-하

11. 토마스 아 켐피스(c.1380-1471)의 『그리스도를 본받아』

지 마라'의 명령이나 강권 또는 권유로만 이루어지지 않고 '제자의 말'을 통해 열린 결말로 끝나고 있는 것이다.

이는 『그리스도를 본받아』의 각 권, 각 장을 읽을 때마다 우리가 만나게 되는 한 가지 필수 불가결한 요소인데, 이 같은 요소 때문에 우리는 어떠한 태도(마음가짐과 기대)를 가지고 이 책을 읽어야 하는 지를 미리-즉, 본격적인 독서에 앞서 선재적으로-결정해 두어야만 한다는 것을 알게 된다.

나(필자)는 그것을 '이해를 추구하는 신앙'(Fides quaerens intellectum)이라고 하는 한 단어(절)로 요약할 수 있다고 보는데, 이는 토마스의 영적 권고가 단지 어떤 가르침을 일방적으로 전해주는 것에서 끝나지 않고, 오늘날 예수를 닮는다는 것이 제자인 (또는 제자가 되기 원하는) 나에게 어떤 의미일까를 생각하게 해 주기 때문이다.

이러한 열린 결말로-다른 말로 하면, 질문이 스며든 신앙의 추구로-이어지기 때문이다.

그렇다면, "약한 사람이 걸려 넘어질 만한 말을 무절제하게 입 밖에 내지" 않고, "자신의 약함을 아는 사람들을" 당신의 신성(또는 당신의 나라)으로 옮겨가 주시는 그리스도 예수를 닮기 위해 우리(제자)는 어떻게 해야 할까?

예수의 어떤 모습을 우리는 닮아가야 할까?

좀 더 구체적으로 질문하자면, 그리스도 예수의 삶과 사역을 기록한 복음서 가운데 어느 구절을 우리가 묵상할 때 토마스의 권고를 이해하고 주님의 말씀으로 신앙(체험)할 수 있을까?

여러 가능한 구절이 있겠지만, 특별히 나(필자)는 누가복음 19장 1절에서 10절에 기록된 '삭개오 이야기'에 집중하고자 한다. 바라기는, 나(필자)의 묵상이 토마스의 제3권 57장 권고를 이해하고 신앙 체험하는 한 가지 태도, 즉 열린 결말의 한 가지 차원이라는 것을 독자들이 온전히 수용함으로써, 그들도 나(필자)와 같이 스스로 되묻고 질문하며 신앙 체험할 수 있기를 소망한다.

3. 누가가 포착한 예수의 눈: ἀναβλέψας (아나블레파스)

의인의 눈이란 뭘까?
죄인을 판단하고, 약자를 내려다보는 눈일까?
그것이 의인의 눈일까?
참 의인이신 예수는 어떤 눈을 가지셨을까?
그분이 죄인이나 약자를 바라다보는 눈은 어떤 색을 띠고 있을까?

따스한 색?

차가운 색?

무엇 하나로 단정할 수 없고, 예수의 공생애 일화 하나 정도로 예수의 눈은 단지 이럴 것이라고 규정할 수 없다. 일반화할 수 없고 보편화할 수는 없다.

하지만 누가복음 19장 1절로 10절에 기록된 삭개오의 이야기를 볼 때면, 나(필자)는 예수가 죄인을 바라다보는 눈에 어떤 색이 스며들었을지를 곰곰이 생각(묵상)하지 않을 수 없다. 그 구절을 보면, 예수는 당신을 보기 위해 돌무화과나무 위에 올라간 삭개오를 바라보신다. 이 때 예수가 삭개오를 '보았다'고 하는 표현, 헬라어 'ἀναβλέψας'(아나블레파스)는 '올려다보다'는 뜻을 가지고 있다.

어떤 면에서 이 뜻은 '영적인 눈으로 본다'는 뜻으로도 해석될 수 있다. 그러나 나를 멈칫하게 한 것은 영적인 눈으로 예수가 삭개오를 보았다고 에둘러 표현한 뜻이 아닌, '올려다보다'는 뜻. 그 일반적이고 평이한 아나블레파스(ἀναβλέψας)의 뜻이다.

누가는 예수의 눈이 죄인을 올려다보았다고 기록한다. 뭐 상황이 그래서 어쩔 수 없이 올려다보았다고 말할 수도 있다. 누군가 나무 위에 올라가 있는 것을 보려면, 나무 아래 있는 사람은 눈을 들어 나무 위를 올려다봐야 한다. 당연한 얘기다. 그러나 이 당연한 얘기, 이 뻔한 얘기를 하려고 누가가 삭개오의 이야기를 기술한 것은 아니다. 그래서 예수의 눈, 아나블레파스(ἀναβλέψας)하고 있는 그 눈이 나의 마음을 걸고 넘어진다.

   나(필자)는 의인이 아니다. 부족함이 많다.
   그럼에도, 어느 순간!
   어떤 상황이 되면!
   마치 내가 의인이라도 되는 양 행동한다!
   예수 시대의 바리새인들 가운데 적지 않은 수가 아마도 나와 같았으리라!

   그래서 그들의 눈에는 아나블레파스(ἀναβλέψας)가 자리할 틈이 없다. 그들은 죄인을 올려다보지 않고, 내려다본다. 다윗 왕가의 오래된 속담(삼하 5:8)에 따라 약자를 경멸하고 무시한다. 모르기는 몰라도, 그들의 눈에 담긴 색은 죄인이나 약자를 향한 냉혈한 판단의 색으로 붉게 물들어 있었을 것이다.

   바리새인의 눈, 이 눈에는 삭개오(삭개오가 상징할 수 있는 모든 형태의 죄인이나 약자)가 보이지 않는다. 한없이 아래로 보고 있으니 … 끝없이 내려다보고 있으니 … 애초부터 보일 턱이 없다. 그래서 삭개오는 자신이 가장 발견되기 어려운 곳을 향해 자신의 몸을 숨긴 것인지 모르겠다. 자고로, 의인(바리새인 같은)이라 하면, 죄인을-그리고 약자를-올려다볼 리 만무하기 때문이다.

그런데 누가의 시선을 멈춰 세운 의인. 나사렛 예수는 바리새인과 같지 않다. 이 참된 의인 예수는 죄인과 약자를 내려다보지 않고 올려다본다. 그래서 삭개오가 미처 몸을 숨기지 못한다. 공개되고 탄로된다.

기어코 드러나! 보임을! 당하고 만다.

그리고 예수의 이 눈은 삭개오의 닫힌 눈을 열어 젖힌다. 삭개오의 삶 속에 이미 당도한 하나님 나라를 삭개오가 올려다(아나블레파스) 볼 수 있도록 초청한다.

예수가 아니면, 예수가 가진 눈이 아니면, 결코 발견되지 않았을 인생이-그분의 나라로 옮김 받지 못했을 목숨이- 우리 곁에는 참 많이 있다. 나 역시 예수의 그 눈이 아니라면 결코 발견되지 않았을 인생이다. 나(필자)는 내 눈이 더 이상 바리새인과 같지 않으면 좋겠다.

누가의 시선을 멈춰 세운 예수의 그 눈, 그냥 지나쳐도 되었을 죄인 … 아무도 돌아보지 않을 약자 한 사람을 향해 시선을 멈춰 세운 주님의 그 눈, 죄인과 약자를 향해 아나블레파스(ἀναβλέψας) 하는 의인의 눈, 나도 그 눈을 갖기 원한다. 그 눈으로 이미 와 계신 하나님 나라를 보고 싶고, 뭇 사람들이 죄인과 약자의 인생 위로 이미 도래하고 계신 하늘 도성(βασιλεία του θεού)을 보도록 초대하고 싶다.

주여!
내 어둡고 미천한 눈이 - 우리의 바리새인과 같은 눈이 - 당신과 같이 죄인과 약자의 미천한 인생 너머로 당도해 오고 있는 나라, 신성, 하늘 나라를 아나블레파스(ἀναβλέψας)하게 하소서!
그리스도(χριστός)이신 당신을 본받게 하소서! 아멘.

> '나를 따르는 이는 어둠 속을 걷지 않고 생명의 빛을 얻을 것'(요 8:12)이라고 주님께서 말씀하셨다. 이는 우리에게 깨우침을 주시는 그리스도의 말씀이다. 우리가 진정으로 광명을 받아 깨닫고 마음의 눈이 멀지 않으려면 그리스도의 삶과 행실을 본받아야 한다. 그러므로 예수 그리스도의 일생을 묵상하는 것이야 말로 우리에게는 가장 중요한 과제다(토마스 아 켐피스, 『그리스도를 본받아』, 1.1).

12

C. S. 루이스(c. 1898-1963)의 『헤아려 본 슬픔』

영국의 성공회 신학자 알리스터 맥그래스가 "별난 천재, 마지못해 나선 예언자"라고 표현한 C. S. 루이스를 모르는 자가 누가 있을까?
무신론자에서 유신론자로, 마침내 현대 기독교 역사상 가장 뛰어난 기독교 영성가로 또는 변증가로 이름을 날리게 된 자?
세계 3대 판타지 소설이자 아동문학의 고전(나니아 연대기)을 펴낸 자?
참으로 많은 말로 평가할 수 있는 그를 아는 사람은 많다. 그러나 그의 생각을 들려줄 책이 많아서일까?

그를 온전히 아는 사람은 드물다. 물론 내가 여기서 루이스란 사람을 소개할 건 아니다. 만일 루이스가 누군지 알고 싶은 요량이라면 내 글이 아니라 차라리 맥그래스의 루이스 평전 『별난 천재, 마지못해 나선 예언자』를 읽어보는 것이 백 번 낫다. 아니, 이종태 교수의 『경이라는 세계』(복있는 사람)가 더 나을 지 모르겠다.

그러나 내가 여기서 루이스에 대해, 아니 루이스와 함께 말하고 싶은 것은 슬픔에 짓눌린 자들의 마음이다. 기독교의 슬픔 이해, 위로, 위안에 관한 것이다. 이 주제에 관한 루이스의 노골적이면서도 담담한 기록 『헤아려 본 슬픔』에 관한 것이다.

1. 기독교의 슬픔 이해

우리는 남의 슬픔에 대해 얼마나 잘 알까?
얼마나 이해하고 있을까?
예기치 않은 끔찍한 사고로 사랑하는 이를 잃은 사람들. 그들의 상실에 대해, 그들의 고통에 대해 우리는 얼마나 헤아리고 있을까?

현대 한국 문학의 대표적인 여류 작가로 잘 알려진 박완서 작가를 기억할 것이다. 1988년 넉 달 상간으로 남편과 자식을 연달아 잃고, 그녀는 참척의 고통과 슬픔을 절절한 일기로 써내려 갔다. 그리고 그 일기는 『한 말씀만 하소서』란 이름의 책으로 2004년 세계사(출판사)에서 출판되었다.

12. C. S. 루이스(c. 1898-1963)의 『헤아려 본 슬픔』

이 책에 담긴 1988년 9월 14일 일기에서 박완서는 자신이 신에게 살의를 느꼈다고 말한다. 그녀가 내뱉은 앙칼진 저주는 도대체 금기를 모르고, 날것 그대로의 어조로 하나님이 대체 어디 계셨느냐고 묻는다. 급기야 십자가를 땅바닥에 내팽개치기까지 했다.

과연 누가 이 질문에 쉽게 답할 수 있을까?

우리는 슬픔을 당한 사람들 앞에서 이런 저런 말을 잔뜩 늘어놓는다. 믿음, 희망, 천국, 기쁨, 그들의 슬픔이 더 이상 어둠 속으로 빨려 들어가지 않도록 우리는 기를 쓰고 종교적 위안이란 태양빛을 뿜어낸다.

좋은 마음으로 건넨 위로는 쉽게 탓할 수 없으며 원망할 수 없다. 하지만 예외 없고 가차 없는 위로의 말들은 슬픔으로 부서진 여린 마음에 강한 것을 내리쬔다.

그것이 정녕 생기일까?

그 맹목적인 위안의 빛이 생명의 온기를 진실로 전해줄 수 있을까?

그것이 진짜 기독교가 말하는 위로일까?

믿음을 중요하지 않다고 말하는 그리스도인이 누가 있으랴?

그러나 슬픔을 당한 이들 앞에서 믿음을 가장한 종교적 위안은 금물이다. 예컨대, 이런 말들이다.

"하나님을 믿으니 그분의 섭리를 신뢰하세요."

"그분의 계획하심 안에서 하나님은 당신이 사랑하는 자들을 먼저 데려가십니다."

"믿음 없는 사람처럼 있지 말고 희망을 가지세요 그분은 지금 더 좋은 곳에서 사랑을 받고 계십니다."

이런 말을 거침없이 내뱉는 이들에게 슬픔을 당한 그리스도인들은 되물을 것이다.

"하나님의 그 계획, 당신이 대신 믿으면 안됩니까?"

"그리고 그 사랑도 당신이 대신 받으면 어떨까요?"

위로와 위안, 이 '둘'은 모두가 필요한 것이지만, 섣부르고 헤아림이 없을 때, 그리하여 감당할 수 없는 것이 될 때, '폭력'이 된다.

미네소타대학의 심리학 석좌 교수 폴린 보스(Pauline Boss) 박사에 따르면, 슬픔이나 죽음이나 상실에 대해 말하지 않고 애써 거리를 두게 하는 경향(소위 '폭력')은 서구 기독교 문화의 '숙달 지향적 사고 방식'(mastery-oriented way of thinking)으로부터 기인한다. 숙달 지향적 사고 방식이란, 어떤 문제가 발생할 때 그 문제의 원인을 재빨리 파악해 바로잡고, 고치고, 다시 '정상'으로 되돌리기 위한 자세, 의견, 태도, 관점 등의 심리적 또는 인지적 특성을 말한다. 이 같은 특성은 (지난 몇 년 동안 지속되어 온) 글로벌 팬데믹의 위기 상황에 맞서 코로나-19의 원인을 찾게 하고, 첨단 의료 기술을 접목한 치료법을 탄생시키고, 전반적인 삶의 질과 공동체 사회 구조 개선에 크게 기여했다. 하지만 세상의 모든 문제를 해결하거나 극복해야 할 도전 과제로 보는 이 '숙달 지향적 사고 방식'은 코로나-19로 인해 사랑하는 남편, 아내, 자녀, 부모를 갑자기 잃은 피해자 가족들의 삶(현실)과 도통 어울리지 않는다. 왜냐하면 그들이 겪고 있는 슬픔과 고통의 잔무(殘務)는 하루빨리 해결해야 할 '문제'가 아니라 공감과 지지, 우정이 필요한 '경험'이기 때문이다.[1]

슬픔은 문제가 아니다. 그것은 장애도 아니고 질병도 아니며 믿음이나 기량, 영적인 수준을 보여주기 위해 가능한 한 빨리 깨끗이 청산하고 잊어버려야 할 시험 거리도 아니다. 그러나 슬픔을 대하는 기독교적 돌봄 문화에서는 어떤 식으로든 슬픔을 최대한 참아내고 극복하는 것만이 마치 더 정상적이고 건강한 반응인 것처럼 여겨진다. 즉, 슬픔을 '해결'하는 것과 슬픔을 '돌보는' 것 사이의 차이를 전혀

---

1 Pauline Boss, *The Myth of Closure: Ambiguous Loss in a Time of Pandemic and Change* (New York: W. W. Norton & Company, 2021), 26-32; 78-98.

알지 못하는 '성마른' 그리스도인들의 '숙달 지향적' 태도는 가장 나쁜 시기를 겪는 사람들에게 사실상 더 나쁜 경험을 안겨준다. 외로움, 오해, 비판, 훈계, 무시, 축소, 모멸감 등 지금 떠안고 있는 그들의 고통 위에 불필요한 고통을 더 얹어 준다.

하지만 이것은 우리 현대 그리스도인들의 잘못이 아니다. 우리 모두는 슬픔에 빠진 사람들을 사랑하고, 지원하고, 돕고 싶어한다. 그런데 문제는 그 방법을 잘못 배워왔단 것이다.

2. 루이스와 『헤아려 본 슬픔』

『순전한 기독교』의 작가 루이스는 평생을 독신으로 살았다. 그러다 59세가 되던 해, 그는 조이라는 시한부 여성을 만나 뜨겁게 사랑하고 4년 간의 행복한 결혼생활을 보낸다. 루이스의 책『헤아려 본 슬픔』은 그가 아내 조이와 사별한 속내를 꾹꾹 눌러 담은 책이다. 당시 시한부 환자였던 조이는 암으로 세상을 먼저 떠난다. 그리고 루이스는 암으로 투병하다 세상을 떠난 아내에 대한 그리움으로, 상실의 고통으로 이 책을 써내려 간다.

나(필자)는 "하나님은 가장 자비로운 듯 보일 때마다 실은 다음 번 고문을 준비하고 계셨던 것이다"[2]라는 루이스의 말에서, 그리고 "슬픔의 지도를 그릴 수 있을 것이라 생각했다. 그러나 슬픔은 '상태'가 아니라 '과정'이었다. 그것은 … 영원히 멈출 이유를 찾지 못할 것 같다"[3]라는 루이스의 말에서 얼마나 큰 슬픔을 그가 겪고 있었는지 지레 짐작할 수 있었다.

하지만 정작 나의 시선을 오래도록, 내내 붙잡아 둔 것은 46쪽의 세 문장이었다.

> 내게 종교적 진리에 대해 말해 주면 기쁘게 경청하겠다. 종교적 의미에 대해 말해 주면 순종하여 듣겠다. 그러나 종교적 위안에 대해서는 말하지 말라. '당신은 모른다'고 나는 의심할 것이다.[4]

욥의 친구들이 늘어놓던 형편없는 위로처럼, 루이스의 주변 사람들도 참으로 하나마나 한 종교적 위안을 그에게 건넸다. 믿음이 없는 사람처럼 슬퍼하지 말라는 말, 희망이 없는 것처럼 무너져선 안된다는 말, 이 고통 많은 세상보다

---

2 C. S. 루이스, 『헤아려 본 슬픔』 (서울: 홍성사, 2013), 52.
3 위의 책, 87.
4 위의 책, 46.

더 좋은 곳으로 갔으니 울지 말라는 말, 루이스는 자신이 들었던 수없이 많은 말들, 형편없고, 헤아림이 없는 말들을 낱낱이 기록한다. 그리고 위의 세 문장 끝에 달아 둔 그 한 마디, 곧 '당신은 모른다'고 읍소한다.

믿음이 좋고, 신앙의 경륜이 오래된 사람들의 착한 의도를 어찌 탓하겠느냐마는 상실의 슬픔과 고통으로 출구가 보이지 않는 사람의 마지막 울분을, 믿음을 이유로, 신앙을 이유로, 희망을 이유로 틀어막는 것이 과연 옳은 일일까?
그것이 정녕 기독교적 슬픔 이해이고, 애도일까?

루이스는 슬픔이 상태가 아니고 과정이라고 말한다. 그런 순간이 끝끝내 오지 않았으면 좋겠지만, 결국 오고야 말 때는 하나님 앞에서 울어야 한다고 말한다. "왜 그러셨느냐고 …", "대체 내게 왜 그러셨느냐고 …." 그렇게 원망하고 저주할 대상이 하나님 밖에 남지 않은 사람들에게는, 신심 깊은 마음의 강요가 아니라 울면서 따져야만 열릴 수 있는, 살 길을 마련해야 주어야 한다고 말한다.
하나님은 슬픔의 끝에서 우리가 부를 수 있는 마지막 이름이다. 기도가 눈물이 되고, 눈물이 원망이 되고, 원망이 저주가 -아니, 심지어 살의마저 느껴지면서- 울분이 비명처럼 터져 나올 때, 그 때. 바로 그 순간을 견딜 수 있게 해주는 유일한 존재는 오직 하나님 한 분이다.

그래서 슬픔 가운데 원망을 쏟아 내는 일, 하나님을 향해 원망 섞인 저주를 뿜어내는 일은 불경한 것이 아니다. 오히려 우리의 원망과 저주를 지금 이 순간 받아줄 수 있는 유일한 분이 하나님 한 분 밖에는 없다는 것을 아는 믿음의 행위다.[5]

우리가 그토록 쉽게 내뱉은 위안이, 우리의 헤아림 없던 위로가 … 슬퍼하는 사람의 마지막 숨통을 틔우는 것 외에 다른 것이 될 수 없고, 되어서도 안 됨을 아시는 하나님, 그 하나님 안에서 루이스는 위로를 얻고, 그리스도인의 슬픔 이해를 찾는다.

---

[5] 사랑하는 남편을 병으로 잃고 석 달 만에 외아들을 떠나 보낸 박완서 작가가 삼 년이란 애도의 시간 끝에 고백한 것도 이와 다르지 않다: "만일 그때 나에게 포악을 부리고 질문을 던질 수 있는 그분[하나님]조차 안 계셨더라면 나는 어떻게 되었을까, 가끔 생각해 봅니다. 살긴 살았겠죠. 사람 목숨이란 참으로 모진 것이니까요. 그러나 지금보다 훨씬 더 불쌍하게 살았으리라는 것만은 눈에 환히 보이는 듯합니다" 박완서, 『한 말씀만 하소서』(서울: 세계사, 2004), 36.

3. 레이먼드 카버와 『대성당』의 단편 소설 "별 것 아닌 것 같지만, 도움이 되는"

『상실의 시대』와 『1Q84』의 저자 무라카미 하루키의 팬심으로 일본을 넘어 한국에까지 알려진 레이먼드 카버는 헤밍웨이 이후 가장 영향력 있는 미국의 소설가로 명성이 높다. 카버가 이처럼 명성을 갖게 된 계기는 2014년에 우리말로 번역된 『대성당』 때문인데, 나(필자)는 거기 수록된 단편 "별 것 아닌 것 같지만, 도움이 되는"에서 루이스의 슬픔과 애도의 방향을, 그리고 그 깊이를 헤아릴 단초를 발견한다.

"별 것 아닌 것 같지만, 도움이 되는"은 단편 소설이다. 이 소설의 내용은 대략 이렇다. 한 부부에게 여덟 살 된 아이가 있었는데, 어느 날 아침 교통 사고를 당한다. 그 날은 마침 그 아이의 생일이었는데, 이 부부는 빵집에 맡겨 둔 케이크는 까맣게 잊고 병원으로 곧장 향한다. 병상에 누운 아이를 지키느라 한참 여념이 없는데, 갑자기 전화 한 통이 남편에게 울린다. 빵집이었다. 어서 케이크를 찾아가라는 전화였는데, 남편은 부인이 맡겨 둔 케이크인 줄도 모르고 전화를 급히 끊었다.

빵집 주인은 그 후로도 계속 전화를 걸고, 남편은 장난 전화로 오해하며 전화를 끊는 실랑이가 반복된다.

12. C. S. 루이스(c. 1898-1963)의 『헤아려 본 슬픔』

얼마쯤 지났을까?

아이는 끝내 숨을 거둔다. 그리고 또 다시 전화벨이 울린다. 이번에도 빵집 주인이었다. 화가 머리끝까지 난 남편은 빵집 주인에게 온갖 고성을 퍼붓는다. 어쩌면 이렇게도 악의적인 장난 전화를 해댈 수 있냐며 고함을 친다.

그러나 시간이 조금 지난 뒤, 남편은 아내에게 사정 설명을 다 듣는다. 죽은 아이를 위해 준비한 생일 케이크였다고, 아내는 남편에게 장난 전화의 속사정을 말해준다.

밤늦은 시간, 부부는 죽은 아이의 장례를 준비하기에 앞서 잠시 집에 들른다. 그리고 병원으로 돌아가는 길에 빵집을 들른다. 처음에 빵집 주인은 이들을 아주 퉁명스럽게 대한다. 하지만 이내 아들이 죽었단 아내의 설명을 듣고는 화를 누그러뜨리고 사과한다. 진심으로 미안하다고, 자식을 잃은 슬픔을 내 어찌 짐작하겠느냐고….

한참을 말없이 우는 부부에게 빵집 주인은 잠시 앉을 것을 권한다. 그리고 따뜻한 음료를 건네며 뭘 좀 먹는 것이 좋겠다고 말한다. 이럴 땐 뭘 좀 먹는 것이 '별것은 아닌 것 같지만, 도움이 될 것'이라고 하면서, 갓 구워 낸 빵도 건넨다. 따뜻한 빵과 음료를 먹으며 부부는 말없이 먹먹한 가슴을 쓸어내린다.

자식 잃은 슬픔은 어떤 말로 표현할 수 있으며, 위로할 수 있을까?

빵집 주인은 말이 없다. 그저 따뜻한 음료를 대접한 것이 전부였다. 고작 빵 한 조각 내민 것, 그게 다였다. 그것으로 죽은 아이가 살아 돌아올 리 없고, 참척의 슬픔이 가라 앉을 리 없다. 하지만 빵집 주인은 그래도 뭘 좀 먹는 것이 좋겠다며 작은 것, 참으로 별 것 아닌 것을 내민다.

카버의 단편 소설 "별 것 아닌 것 같지만, 도움이 되는"은 빵집 주인의 작은 호의가 슬픔에 잠긴 부부에게 어떤 도움이 되었는지를 설명해주지 않는다. 그저 한참을 그 부부가 빵집에 머물러 있었다고, 아침이 될 때까지 그곳에 있었다고 적고 있을 뿐, 그 이상의 이야기를 들려주지는 않는다.

그렇다면, 카버가 말해주려고 했던 것은 무엇일까?
슬픔을 치유하는 말이 무엇인지 이참에 알려주겠다는 것일까?
어서 툭툭 털고 일어나라는 훈계가 없다는 경고였을까?

아니다. 그런 성급함은 이 소설 어디에도 나오지 않는다. 아마도 카버의 의도는 인간의 슬픔이 크고 명확할 때, 그 슬픔을 마주한 인간이 할 수 있는 일이라고는 그저 작고 보잘 것 없는 것 외엔 별다른 게 없다는 것을 말해주려는 것이 아닐까 싶다.

12. C. S. 루이스(c. 1898-1963)의 『헤아려 본 슬픔』   169

 거대한 슬픔 앞에서 우리가 할 수 있는 것은, 사실상 '별 것 아닌 것 같은 일'뿐이다. 그 이상 우리가 할 수 있는 것은 없고, 그 이상 하려고 해서도 안된다. 그저 별 것 아닌 것 같은 일, 작은 일, 조금의 위안이 되길 바라며 숨죽여 곁에 있는 일. 정말 왜소하고 별 볼 일 없는 그 일이 사실은 우리가 할 수 있는 최고의 어떤 일일지 모른다. 함부로 내뱉는 말이 아니라, 애초부터 별 볼 일 없는 동행이었기 때문에, 딱 그만큼의 기다림과 그 이상도 그 이하도 아닌 머무름이 있어줬기 때문에 자식 잃은 저 부부가 추운 겨울의 밤거리를 정처 없이 헤매지 않고 빵집에 머물러 앉아 아침을 맞았을 것이다.

 믿음이 크고 좋은 사람들에게 슬픔은 지워야 하는 어떤 것이고, 원망은 극복해야 하는 어떤 것일지 모른다. 슬픔에 눈이 멀어선 안 된다고 일장 연설을 늘어놓을 지도 모른다. 하지만 슬픔 중에 있는 이들의 원망과 저주 섞인 울분을 섣불리 막아서는 안된다. 모든 것이 잘될 거란 거짓말도 안된다. 별 볼 일 없는 작은 것이 소중하다.

 가만히 손을 잡아주거나, 기대어 울 수 있는 어깨를 내어주거나, 아니면 그저 등을 토닥여 줄 뿐인 기다림, 머무름, 어쩌면 루이스가 『헤아려 본 슬픔』에서 말하려고 했던 것도, 사랑하는 아내 조이를 잃은 뒤 하나님과 이웃으로부터 기대하고 있었던 것도 이것이 아니었을까?

하나님만이, 그리고 하나님의 눈으로 슬픔을 헤아려 본 사람만이 그 별것 아니지만 도움이 되는 기다림을 해줄 수 있다고 … 루이스는 그렇게 말하려고 했던 것이 아니었을까?

혹시 오늘 이 글을 읽은 뒤 얼마 지나지 않아 슬픔을 당한 이웃이 있다면, 다 잘될 거란 거짓말 대신 작지만 큰일, 별 것 아니었기 때문에 비로소 도움이 될 일을 해보는 것은 어떨까?

루이스와 카버가 들려준 위로. 고(故) 박완서 작가의 곁을 마치 영현병[6](英顯兵)처럼 묵묵히 지키고 섰던 하나님의

---

6 영현병(英顯兵)은 영현(英顯: 죽은 사람의 영혼을 높여 이르는 말) 등록 일을 맡은 병사를 일컫는다. 영현병은 주로 전쟁터에서 죽임을 당한 전사자의 가족에게 그 소식을 전하는데, 영현병이 유가족을 찾아가면 온갖 반응이 다 일어난다. 우선 유가족은 영현병을 만나려고 하지 않는다. 영현병을 향해 소리를 지르거나 욕지거리를 해대기도 하고, 심지어 뺨을 때리는 경우도 있다. 허나 이때 영현병은 자신을 방어하지 않고 유가족이 쏟아내는 온갖 종류의 폭력과 비방과 욕설을 다 받아낸다. 움찔거리거나 뒤로 물러서지 않고, 이제 그만하면 되었다고 재촉하지도 않는다. 그저 묵묵히 서 있을 뿐이다. 따라서 하나님의 고요한 동행이 마치 영현병 같다는 위의 표현은 그 모든 재난이 오롯이 자신의 책임인 양 십자가에 달리신 예수를 통해 묵묵히 박완서 작가 곁에 서 계신 하나님을 뜻하며, 나(필자)는 그 '영현병 같은 하나님'을 필요로 하는 수많은 동료 그리스도인을 잘 알고 있다.

고요한 동행. 작고, 별 볼 일 없지만, 그래서 다행히 도움이 된 그것을 실천해 보는 것은 어떨까?

> '죽음은 없다'든가 '죽음이 중요한 게 아니다'고 말하는 사람들을 참아 내기는 어렵다. 죽음은 있다. 중요하지 않은 것은 없다 … 그녀는 죽었다. 죽어버린 것이다 … 그러나 그녀의 목소리는 여전히 생생하다. 그 목소리를 생각하면 나는 또다시 훌쩍이는 어린아이가 되어 버린다(C. S. 루이스, 『헤아려 본 슬픔』, 32-3).

여러분을 박해하는 사람들을 축복하십시오. 축복을 하고, 저주를 하지 마십시오. 기뻐하는 사람들과 함께 기뻐하고, 우는 사람들과 함께 우십시오(롬 12:14-15).

나가면서

일찍이 이사야 선지자는 "하늘이 땅보다 높듯이, 나의 길은 너희의 길보다 높으며, 나의 생각은 너희의 생각보다 높다"(사 55:9)라고 말한 바 있습니다.

이 책에는 우리가 묵상하고 실천해야 할 하나님의 높으신 길과 인간과 비견될 수 없을 만큼 깊으신 하나님의 생각을 묵상한 신학자, 신비가, 영성가들의 글이 담겨 있습니다. 순교자들은 예수를 주와 그리스도로 선포하고, 사막의 교부들은 세상과 육신과 사단(마귀)에 맞서 영적인 전투를 벌이라고 요청합니다.

초대 교부들은 제국의 압제로 깨어지고 쫓겨난 사람들을 어루만지고 다시 일으켜 세우실 하나님을 기억하고 그분의 말씀과 은혜로 돌아가라고 도전합니다. 참회를 통해, 기억을 통해, 금식을 통해, 기도를 통해 말입니다. 또한, 중세와 근대의 은수자들은 예수의 길로 돌아가고 사랑과 인내의 덕 안에서 그리스도의 성품을 본받으라고, 현대의 영성가들은 하나님 마음 속 깊은 곳에 있는 공감의 신비를 따라 슬픈 마음을 어루만지라고 초대합니다. 그들은 하나같이 인간과 다른 하나님의 길, 하나님의 높고 깊으신 생각을 삶으로 보여주고, 고백으로 들려줍니다.

오리겐의 『아가서 주해』로부터 C. S. 루이스의 『헤아려 본 슬픔』까지, 그들의 글이나 가르침이 꼭 무흠한 것은 아닙니다. 신학적 오류나 약점에 대해 쓰자면 또 한 권의 책이 필요할지 모릅니다. 더욱이 기독교 고전이라고 불릴 만한 글들을 보면, 쉽고 행복한 이야기로만 채워져 있지 않음을 보게 됩니다. 실용적이거나 현대적인 감각에 항시 맞는 것도 아닙니다. 그러나 이 같은 오류나 약점이 거기에 있다고 해서, 현대 사회가 기술적으로나 문화적으로 기피하는 고난의 역설, 역경의 신비가 한물간 옛것이라고 해서 그것이 현대 그리스도인의 삶에 죄다 무용하다고 할 순 없습니다. 오히려 그와 같이 늙고 오래된 둥치에서 오늘날 우리에게, 특히 우리 현대 그리스도인의 영적 쇄신을 위해 필요한 새순이 돋아날 줄 그 누가 알겠습니까?

이 책은 기독교 전통이 영적인 쇄신을 위해 강조해 온 다양한 훈련들을 설명했습니다. 예를 들어, 성서 독서, 기도하는 독서, 마음의 전투, 기억, 영적인 감각, 금식, 구제, 기도, 원수 사랑, 인내 그리고 '별것 아닌 것 같지만, 도움이 되는' 헤아림 등이 그것이었습니다.

기독교 신앙에는 이처럼 다양하고 진지한 훈련이 필요합니다. 사도 바울이 디모데에게 "경건함에 이르도록 몸을 훈련하십시오"(딤전 4:7)라고 권고한 것과 같이, 빌립보 교인들에게 "두렵고 떨리는 마음으로 자기의 구원을 이루어 나가십시오"(빌 2:12)라고 권면한 것과 같이, 수없이 많은 그리스도인은 그들의 신앙 생활 속에서 훈련과 연단의 과정을 거쳐야 합니다. 이는 그들이 매주 주일마다 듣게 되는 메시지, 즉 무엇을 믿어야 할지를 아는 것만으론 충분치 않다는 뜻입니다. 그들은 그 믿음이 어떻게 해야 더 견고해질 수 있는지에 대해 고민해야 합니다. 어떻게 하면 그 믿음을 더 단련하고 경성하게 할 수 있을지에 대해 보고, 듣고, 배우고, 실천해야 합니다.

그러므로 이 작은 책과 함께 오늘 시작하시기 바랍니다. 평생 그리스도인으로 살면서 당신이 지켜 온 그 믿음을 경건의 제련소 위에 올려 두시기 바랍니다. 그 위에서 인내하고 훈련하고 연단하여 우리가 듣고 믿어온 그 믿음에 걸맞은 존재가 되어 가시길 바랍니다. 늙고 오래되어 어느새 '고전'이 되어버린 방식을 따라 끝까지, 당신을 향한 주님의 장엄한 최후 부름이 있을 때까지 말입니다.

> 나는 이것을 이미 얻은 것도 아니며, 이미 목표점에 다다른 것도 아닙니다. 그리스도 [예수]께서 나를 사로잡으셨으므로, 나는 그것을 붙들려고 좇아가고 있습니다(빌 3:12).

하나님이 부르십니다. 들판(세상)을 유랑하며 길을 잃은 우리에게 찾아오십니다. 그분의 부름, 그분의 찾아오심을 막을 세력은 이 세상에 없습니다. 이 세상, 아니 전 우주 만물에서 오직 여러분 자신만이 하나님의 그 부름과 찾아오심을 거역할 수 있습니다.

그러나 그분의 부름과 찾아오심을 거역하지 않는다면, 하나님은 그리스도 안에서 이미 이루신 일을 우리 안에서 이루어 가실 것입니다. 즉, 누구든지 그리스도 예수 안에 있을 때 하나님의 말할 수 없는 은혜로 말미암아 얻게 되는 새로운 신분에 걸맞은 존재가 되어가도록, 하나님은 우리를 빚으실 것입니다(고후 5:17-21). C. S. 루이스가 그토록 애타게 부르짖으며, 이는 우리 그리스도인의 '운명'이자 '최종 목적지'임을 날마다 상기하고 기억하라고 역설한 "절대적인 온전함"(마 5:48).

하나님은 우리 모두가 그 최종 목적지(절대적인 온전함)에 도달할 때까지 일하기로 작정하신 발명가요, 우리는 그분의 발명품입니다. 그러니 그분의 일하심에 여러분 자신을 내어 맡기고, 이 작은 책이 여러분의 운명(새로운 피조물이자 하나님 자신의 다함없는 능력과 즐거움과 선함을 흠 없고 깨끗하게 비추는 거울이 되어가는 존재)을 계속 상기시킬 수 있도록 메아리치게 하십시오. 더 많이, 훨씬 더 크게!

하나님은 역사상 가장 위대한 성인들의 거룩함과 영웅적 면모 이상의 것을 우리 각 사람 안에 만들어 내고야 말겠다고 작정하셨다는 사실을 알아야 합니다. 이 일은 이생에서 완성되지 못할 것입니다. 그러나 하나님은 우리가 죽기 전에 가능한 한 그 목적지 가까이 데려가고자 하십니다 … 하나님은 이전에는 꿈도 못 꾸었을 만큼 큰 용기와 인내와 사랑을 발휘해야 할 상황으로 우리를 이끄십니다. 우리한테는 이 모든 일이 불필요해 보입니다. 그러나 하나님께서 우리를 재료 삼아 얼마나 엄청난 것을 만들어 내실지 눈꼽만큼도 모르기 때문에 그렇게 보이는 것일 뿐입니다 … 너희도 온전하라는 명령은 이상주의적인 과장이 아닙니다. 불가능한 것을 하라는 명령도 아닙니다. 그(하나님)는 지금 우리를 그 명령에 순종할 수 있는 존재로 만들어 가고 계십니다 … 그가 이 일을 하시도록 맡기기만 한다면 아무리 연약하고 더러운 인간이라도 … 지금으로서는 도무지 상상할 수 없을 만큼 힘과 기쁨과 지혜와 사랑으로 약동하는 눈부시게 빛나는 불멸의 존재로, 그분 자신의 다함없는 능력과 즐거움과 선함을 완벽하게 반사하는(물론 하나님보다는 작은 규모지만) 티없이 맑은 거울로 만드실 것입니다(C. S. 루이스, 『순전한 기독교』, 294-6).